アジア教育情報シリーズ
1巻

東アジア・大洋州編

監修
大塚　豊

編著
日暮トモ子

編集協力及び装丁／本田いく
DTP／クリエイティブ・コンセプト

監修のことば

　2019年度にわが国の高等教育機関に学ぶ外国人留学生総数は31万2,214人であり、その内訳は大学、短大、高専、専門学校が22万8,403人、日本語教育機関で学ぶ者が8万3,811人である。2011年から2019年の間の増加率を見ると、大学、短大等が1.5倍であるのに対して、日本語教育機関在籍者の伸び率は3.27倍と際立っている。出身国別留学生数を見ると、中国12万4,436人、ベトナム7万3,389人、ネパール2万6,308人、韓国1万8,338人、台湾9,584人、スリランカ7,240人、インドネシア6,756人、ミャンマー5,383人、タイ3,847人、バングラデシュ3,527人となっている。上位10位までをアジア各国からの留学生が占めており、これらの国からの学生だけで留学生総数の89.3%に当たり、その他のアジア諸国も含めると、わが国で学ぶ留学生の94%はアジア出身なのである。将来わが国とこれらの国々とをつなぐ架け橋となりうる若者の重要性を考えるとき、われわれ日本人はアジアについて、いくら知っても知りすぎることはないであろう。国際化、グローバル化を背景として、日本に住まう外国人の増加に伴い、学校に通う外国人児童・生徒の増加が見られる昨今、日本語指導が必要な子どもが4万人を超えたと報道された。

　上記の高等教育機関に限らず、こうした児童・生徒への対応に当たる教職員や日本語指導員・語学相談員にとって、彼ら外国人児童・生徒が生まれ育った国や地域について理解し、とくに、どのような学校教育を受けて育ってきたかを知ることは異文化理解の第一歩として重要であると考えられる。

ところで、われわれはアジアと聞くと、いったいどの国を思い浮かべ、どのあたりまでをアジアと認識しているのであろうか。わが国の外務省・アジア大洋州局が関わる国や地域には、中国、韓国、オーストラリア、ニュージーランド、インド、そしてASEAN10か国（インドネシア、カンボジア、シンガポール、タイ、フィリピン、ブルネイ、ベトナム、マレーシア、ミャンマー、ラオス）の他、モンゴル、台湾、香港、マカオ、さらに同局大洋州課の所管であるサモア、ツバル、パラオなど太平洋の14の島嶼国家が含まれる。スポーツの祭典であるアジア競技大会には、これらに加えて、アフガニスタン、バーレーン、ブータン、イラン、イラク、ヨルダン、カザフスタン、クウェート、キルギス、レバノン、モルディブ、ネパール、オマーン、パキスタン、パレスチナ、カタール、サウジアラビア、スリランカ、シリア、東ティモール、タジキスタン、トルクメニスタン、アラブ首長国連邦、イエメンが参加している。百科事典の『エンサイクロペディア・ブリタニカ』では、ロシアの大部分やトルコ、アゼルバイジャン、グルジア、アルメニアなどがアジアの範疇に入っている。アジアはかくも大きく、多様性に富んだ地域なのである。国連による地理区分を見れば、アジアは中央、東、南、東南、西の各地域に分けられるが、本シリーズでは、本書の目次に掲げるとおり、アジアを広く捉えた。最も近隣の東アジアの韓国、中国はもとより、東南、中央、南アジアを含め、西はトルコ、イスラエルまでをカバーするとともに、大洋州の2か国を加えることにした。

　アジアの教育に関しては類書がないわけではない。類似の書籍との差異化を図り、本シリーズとしての特色を出すために、また、わが国の教育を見直す上でも、教育関係者や保護者にとって関心があると思われる事柄や、大学、大学院、日本語学校が外国

人留学生を受け入れる際に役立つ以下のような情報を盛り込む
ことに努めた。

　第一に、初等・中等教育段階での外国語教育の在り方に関し
て、わが国では2020年4月から全国の小学校で英語教育が必須
である。しかし、導入は決まったものの教員の指導力面を中心に
課題が残る現実を踏まえ、対象各国での外国語としての英語に
関する教育の取り組みに光を当てた。一方、英語が母語の国に
ついては、これ以外の外国語教育の実態を明らかにすることとした。

　第二に、わが国において小学校では2018年度より、中学校で
は2019年度より「特別の教科　道徳」（道徳科）が始まっているこ
とに鑑み、複数ある教科の中でも、とくに道徳教育に焦点を合わ
せて考察することとした。経済水準がらみの成行きと言える就学
率の高低や教育施設やICT機器などの設備の充実の度合いか
ら見た先進／後進の違いはある。しかしながら、こと倫理観や道
徳心およびそれを教える道徳教育に関しては、上記の先進／後
進関係がむしろ逆転していることも往々にしてある。シンガポール
やマレーシア、台湾で電車に乗っていると、筆者のような老人が立っ
ているのを見ると、進んで席を譲ってくれる若者にしばしば出くわす。
中国でもかつて文革直後の時期に訪中した頃にはそうだったが、
残念ながら、「現代化政策」が進む中で、あまり出会わなくなった。
道徳教育とは、いたずらに愛国心を煽ったり、高邁、難解な道理
を説いたりすることではなく、そうした自然な気配りができる若い世
代を育てることではないかと思われて仕方がない。この面で、わ
れわれはむしろアジア諸国から学ぶことがあるかも知れない。

　第三に、大学入試改革はわが国の教育改革のうちでも焦眉の
急であり、高校教育と大学教育をつなぐ高大接続の在り方、民間

の英語資格検定試験による英語試験の代替の可否、思考力・判断力・表現力を測る記述式問題導入の可否など、何かとかまびすしい。アジアの多くの国でも大学入試は重大な関心事であり、さまざまな取り組みがなされているが、本書で取り上げた各国において、高校から大学へ、さらに場合によっては学士課程から大学院へ進学するにあたって、高校および大学での成績表をはじめ、どのような書類が選抜の過程で参照されるかにとくに着目し、また各文書の記載内容にも触れた。大学に勤務していて困ることの一つは、入学を希望する外国人学生から提出される成績表に記載された評点や評語のレベル付けが不明なことである。こうした場合のために、わが国を訪れる留学生が出身国で学習した内容の評価、具体的には中等学校や、場合によっては大学の成績表を例示し、その評点をどのように解釈すれば良いのか等を明らかにした。

　第四に、同じく外国人留学生の受け入れを考える際、彼らが自国でいかなる日本語学習の環境で過ごしてきたかも気になる。国際交流基金の調査結果によれば、2018年現在、世界の142か国・地域に1万8,604の日本語教育機関があり、7万7,128人の教師と384万6,773人の学習者がいるという。機関数の多い順に見ると、韓国、インドネシア、中国、オーストラリア、米国、台湾、ベトナム、タイ、ミャンマー、ブラジルになるという。このうち、米国、台湾で2015年時点に比べて若干の減少が見られた他は、いずれの国でも増加し、ベトナムでは3年間のうちに599か所も増えている。このような全般的情報に加えて、本書の対象各国・地域では、フォーマルな学校教育はもとより、ノンフォーマルな日本語学習塾や日本語学校の存在がどうなっているかについて知りたいところである。こうした情報は、

近年受け入れる留学生が多国籍化している日本語学校が、彼ら留学希望者を受け入れる際、出身国での学習状況等を理解する上で役立つであろう。

　以上のような編集の基本方針を立てたが、それがどれほど実現できたかについては、読者諸賢の判断に委ねるほかない。大方のご教示、ご叱正を期待したい。なお、各章の執筆にあたっては長年にわたり対象国の教育を研究してきた専門家と新進気鋭の研究者が協力した。また、モンゴル、台湾、インドネシア、ミャンマーについては、当該国・地域出身の研究者にも執筆に加わってもらった。いずれも日本人なら入手に苦労するような情報やデータが盛り込まれており、研究面での国際協力の事例として特記しておきたい。

　最後になったが、本シリーズの刊行にあたり、世の中の厳しい出版事情にもかかわらず、企画に賛同くださり、とりわけコロナ禍の下の厳しい状況下でも、当初の刊行工程に即して速やかな刊行実現にご協力いただいている株式会社一藝社の小野道子社長はじめ同社のスタッフ各位に敬意と謝意を表したい。

2020年 晩秋

　　　　　　　　　　監修者　大塚　豊

1 中国

暗記・受験中心の学力観からの転換を目指して

小学一年生の授業（中国語）風景（筆者撮影）

卒業式当日の集合写真撮影を待つ学生達（筆者撮影）

▼▼▼ はじめに

　OECDが実施している国際学力調査（PISA調査）に2009年から参加している中国は毎回上位に位置している。2018年調査でも学力世界第1位となり、その学力の高さが注目されている。中国では「応試教育」と呼ばれた受験準備中心の教育の在り方を反省し、2000年前後から、創造的精神と実践能力の育成を目指す「資質教育」（原語は「素質教育」）を重点に置いた改革を進めてきた。2016年には「中核的資質」（原語は「核心素養」）という新たな資質・能力観を打ち出し、人文的知識、理性的・批判的思考、積極的な学習態度、自己管理能力、社会的責任、国際理解、問題解決能力といった資質・能力を児童生徒に育成することを目指している。このように、21世紀に向けて児童生徒に求められる力が、従来の暗記中心の知識ベースとしたものから知識をどう活用するかといったコンピテンシーベースへと移りつつある。こうした資質・能力観の転換を踏まえながら、中国の教育状況をみていこう。

▼▼▼ 第1節　学校教育制度の概要

　2018年時点で各教育段階・各種の学校で学ぶ児童生徒・学生数は2億3000万人に上る。こうした膨大な教育人口を抱える中国の学校教育制度は6-3-3-4制を採用している。一般に、義務教育は6歳から始まり、小学校6年及び初級中学（日本の中学校に相当）3年の計9年である。義務教育実施に当たっては各地方の経済的・文化的状況を考慮する方針が採られており、7歳入学を認

図 1. 中国の学校系統図

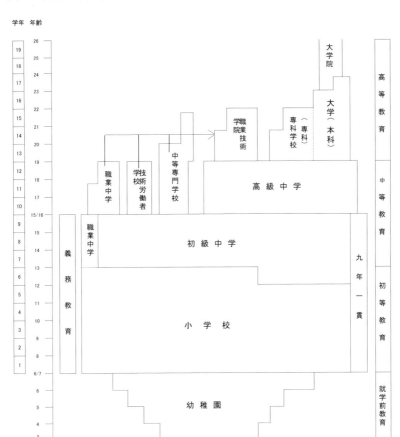

図注： 小学校は大都市を中心に 6 歳入学となっており、この場合、各学校段階
の在学年数は 7 歳入学の場合よりも 1 歳ずつ下がる

める地域や、小学校5年と初級中学4年の9年を義務教育とする地域もある。義務教育段階の学校の授業料や光熱費などの諸経費は無償で、教科書も無償で給与されている。保護者に対する就学義務もある。義務教育は100%の地域で普及しているとされ、就学率もほぼ100%である。小学校卒業後は原則通学区域内の初級中学へ入学することになっているが、激しい受験競争を背景に都市部の有名校への進学を希望して転居したり、越境入学をしている場合もある。また、都市と農村の教育条件の格差も問題となっている。

初級中学卒業後の後期中等教育機関への進学には省ごとに統一試験がある。後期中等教育機関には、普通教育を行う高級中学のほか、職業教育を行う職業中学、中等専門学校、技術労働者学校がある。中等専門学校と技術労働者学校が職業専門教育を行うのに対し、職業中学では普通教育も同様に重視している。2018年現在、高級中学入学者は792万人、職業教育学校への入学者は557万人で、全体の4割が職業専門教育を受けている。在籍率は88.8%である。職業教育を行う学校で学んだ生徒も高等教育機関へ進学できる。

全日制の高等教育機関には、大学、専科学校、職業技術学院がある。大学では主に学部レベルの本科(4〜5年)と大学院レベル(修士課程2〜3年。博士課程3〜4年)の課程を設置している。一部の大学では短期課程である専科(2〜3年)も併設している。専科学校及び職業技術学院では専科レベルの課程のみを設けており、職業技術学院は専科学校に比べ職業志向が強い。2018年現在、全日制高等教育機関数は2,663校(国立大学が民間資金により別組織で設置・運営している独立学院265校を含む)の

うち、国立119校、公立1,795校であり、公立が7割を占める。私立大学もあるが、その大半が専科レベルの学校である。政府は1999年から進学競争の緩和を図るために高等教育機関の学生募集数を増やしており、入学者数は1998年の108万人から2018年時点で791万人にまで拡大している。2018年の高等教育在籍率は48％に上り、政府は2020年までに50％に引き上げることを目標に掲げている。このような傾向から、中国の高等教育はユニバーサル段階に近づきつつあるといえよう。

第2節　初等・中等教育における外国語教育

　中国の教育課程の基準は国（教育部。日本の文部科学省に相当）が策定している。国が定めた基準に基づき、各省が地域ごとの基準を制定している。表1は義務教育段階、表2は高級中学段階の教育課程である。高級中学段階では、社会的責任感、生涯にわたって自ら学習する力、コミュニケーション能力などの生徒の総合的な資質・能力の向上をねらいとした新課程基準が2018年9月から施行されている。新課程基準は必修課程、選択必修課程、選択課程の3つからなる。選択必修課程及び選択課程はモジュール制を採用し、生徒の個性や興味関心、大学進学のニーズを考慮して科目を設けることになっている（教育部 2018a）。

　外国語教育については、義務教育段階では英語、日本語、ロシア語のいずれかを、高級中学段階では上記3言語に加え、フランス語、ドイツ語、スペイン語の中からいずれかを学校が選択し開設するが、第一外国語の教科としては英語が選ばれることが多い。

　1992年の教育課程基準では外国語教育の開始学年は初級

17

表 1. 義務教育段階の教育課程

	学年								
	1	2	3	4	5	6	7	8	9
教科	品徳と生活	品徳と生活	品徳と生活	品徳と生活	品徳と生活	品徳と生活	品徳と生活	品徳と生活	品徳と生活
							歴史と社会（又は歴史：地理を選択）		
	科学	科学	科学	科学	科学	科学	科学（又は生物：物理：化学を選択）		
	中国語	中国語	中国語	中国語	中国語	中国語	中国語	中国語	中国語
	算数	算数	算数	算数	算数	算数	数学	数学	数学
			外国語	外国語	外国語	外国語	外国語	外国語	外国語
	体育	体育	体育	体育	体育	体育	体育	体育	体育
	芸術（又は音楽、美術を選択）								
	総合実践活動	総合実践活動	総合実践活動	総合実践活動	総合実践活動	総合実践活動	総合実践活動	総合実践活動	総合実践活動
	地方及び学校が定める課程								

注： 「品徳と生活」「品徳と社会」「思想品徳」は、2017 年から教科書を全国統一とし、その名称を「道徳と法治」に変更した。これに伴い、教科名も合わせて学年進行で変更している場合がある。

出所： 教育部 2001「義務教育課程設置実験方案」をもとに、2017 年度の変更点を加え、筆者作成

表 2. 高級中学段階の教育課程基準における開設科目と卒業に必要な単位数

科目	必修課程単位	選択必修課程単位	選択課程単位
中国語	8	0〜6	0〜6
数学	8	0〜6	0〜6
外国語	6	0〜8	0〜6
思想政治	6	0〜8	0〜4
歴史	4	0〜6	0〜4
地理	4	0〜6	0〜4
物理	6	0〜6	0〜4
化学	4	0〜6	0〜4
生物学	4	0〜6	0〜4
技術（情報技術と一般技術を含む）	6	0〜18	0〜4
芸術（又は音楽、美術）	6	0〜18	0〜4
体育・健康	12	0〜18	0〜4
総合実践活動	14		0〜4
学校が定める課程			8以上
合計	88	42以上	14

出所： 教育部 2017『普通高中課程方案（2017 年版）』、人民教育出版社、pp.5 〜 6

中学1年だった。ただし、条件が整っている地方や学校では学年を引き下げて実施することが認められており、北京や上海では小学校1年から実施していた。21世紀を迎えるにあたりグローバル化の流れに呼応するかたちで、教育部は2001年より開始学年を小学校3年に引き下げ、外国語を必修としている。

　小学校での外国語は一般に英語である。『義務教育英語課程標準（2011年版）』では、小学校3年から初級中学へ、さらには高級中学へと接続できるよう、一貫した指導を行うことが目指されている。英語専科教員が授業を担当し、「時間を短くし、頻度を高める」ことを原則に、週当たり3〜4回の活動を行い、計80〜90分を下回らないこととしている。初級中学の授業時数は国の定めた教育課程基準に照らして行うことになっている。授業では映像教材など各種メディアを用いた指導が推奨されている。小学校修了までに600〜700の単語と50前後の慣用表現の学習を、中学校修了までに1,500〜1,600の単語と200〜300の慣用表現を身につけることが目安となっている。日本の中学生が学ぶ文法も小学校段階で扱われるなど、量の多さだけでなく、その質も日本に比べて高い。

　とはいえ、小学校の英語の授業では、児童にコミュニケーション能力、興味関心や自信を養うことを目指しているため、評価は平常時の各種活動を評価する形成的評価が主である。学年が上がるにつれ、平常時の評価とともに、実技試験や筆記試験を用いた総括的評価を行うことになっている。

第3節　道徳教育

　中国の学校教育では、しつけ、人格形成のための教育、思想・政治面の教育を「徳育」と呼び、重要な教育活動として重視している。徳育の内容は、「祖国を愛し、人民を愛し、労働を愛し、科学を愛し、社会主義を愛する」（憲法第24条）といった「五愛」を中心とする社会公共道徳、優れたモラル・行為習慣の形成などとされ、この中で特に愛国主義教育や集団主義教育、民主・法制教育などが強調されている。日本の教育基本法に相当する「中華人民共和国教育法」でも、教育において「徳、知、体、美の方面で全面発達した社会主義事業の建設者及び後継者を育成しなければならない」（第5条）と規定されており、「徳」が最初に位置づけられている。

　義務教育段階では、小学校1～2年に「品徳と生活」、小学校3～6年に「品徳と社会」、初級中学で「思想品徳」といった科目が設けられ、必修である。例えば、小学校1～2年の「品徳と生活」では、良好な品徳と行為習慣を育て、生活を楽しみ、探求できる児童を育成することが目標となっている。小学校では週2コマ程度（1コマ40分）、初級中学では週2～3コマ程度（1コマ45分）を設けることになっており、授業は徳育専科教員が担当する。評価は等級法による評価と教員の評語による評価で行われる。こうした教科学習にとどまらず、徳育は学校教育活動の全過程及び児童生徒の日常生活を通じて行われることになっている。

　これまで社会主義、共産主義に基づく思想・政治教育の側面が強かった徳育については、近年、公民の基本的権利や義務、法律遵守の態度といった、公民としてのモラルの育成を重視する

内容が強調されている。2017年には「品徳と生活」「品徳と社会」「思想品徳」の科目名は「道徳と政治」に変更された。教科書も「道徳と法治」と名称を改めて全国統一の教科書を作成し、内容も日常生活と密接に関わるテーマを取り上げるなど親しみやすいものに変えている。

　このほか、子どもたちが日常の学業や生活で守らなければならない規則として、教育部が定めた「小学生・初級中学生・高級中学生守則（2015年改訂）」もある。その内容は、集中して授業を聞き、積極的に発言するといった学業面に関するものほか、ボランティアに熱心に参加する、喫煙・飲酒をしない、文明的で健全な内容のウェブサイトにアクセスする、すすんで家事を手伝い、環境保護の生活を送るなど学校生活内外にわたる決まりが記されている。さらに課外活動としては、学内に組織されている中国共産党の少年組織である「少年先鋒隊」の活動もある。学校を訪問すると、隊員であることを示す、赤いネッカチーフを首に巻いている子どもたちをよく見かける。少年先鋒隊は7〜14歳の児童生徒が全員加入し、地域の革命経験者や模範として表彰された人物を訪問して話を聞いたり、愛国主義教育施設を訪問したり、社会奉仕活動を行っている。

◆◆◆ 第4節　大学・大学院の入学者選抜と成績評価

　中国の大学入試には「高考」と呼ばれる国（教育部）が統一的に実施を組織する全国統一入試がある。統一入試に先立って各大学が筆記試験や面接試験等を実施する推薦入試、独自事

図 2. 学業水準試験成績証明書（例）

普通高級中学学業水準試験（会考）
成績証明書（サンプル）

氏名：　　　　　　　　報告番号：
性別：　　　　　　　　印刷日：
生年月日：
身分証番号：
受験年：
受験地域：
在籍学校名：
以下の成績表の内容に間違いはない。

番号	科目名	成績
1	中国語	A
2	数学	A
3	英語	A
4	物理	A
5	化学	A
6	生物	A
7	地理	B
8	歴史	A
9	政治	A

（以上）

全国高等教育機関学生情報
及び就業指導センター

出所：　中国高等教育学生信息網（https://www.chsi.com.cn/wssq/）をもとに
筆者作成

前選抜入試（日本のAO入試に類似）もあるが、入学者のほとんど
が全国統一入試で選抜される。そのため、この統一入試を巡っ
て激しい受験競争が展開されている。入学者総定員は各大学
の報告をもとに教育部が決定し、この総定員内で各大学が学科

表 3. 江蘇省普通高級中学総合資質評価表（総合表）

○○学校　クラス：○○班　　氏名：○○　　学籍番号：○○

科目	高1前期単位		高1後期単位		高2前期単位		高2後期単位		高3前期単位		高3後期単位	
	必修	選修I	必修	選修I	必修	選修I	必修	選修I	必修	選修I	必修	選修I
中国語	4		4		2	2		4		2		
外国語	4		4		4			4	4			
数学	4		4		2	2		6				
政治	2		2		2							
歴史	2		2		2							
地理	2		2									
物理	2		2		2			4				
化学	2		2		2							
生物	2		2		2			2				
技術	2		4									
芸術	2		2		2							
体育健康	2		2		2			2	2			1
選択必修II		2		2				2				
テーマ型学習		3		3	3		3		3			
地域奉仕				2								
社会実践活動		2		1	1		2					
合計：156単位	必修合計：116単位				選択必修I合計：34単位				選択必修II合計：6単位			

総 合 資 質 評 価						
項目	道徳・品性	公民的素養	学習能力	コミュニケーション能力	運動と健康	情操と審美観
等級	合格	合格	A	合格	A	A
突出した成果の記録						
署名・捺印	校長名：		学校印：		日時：2019 年9月9日	

出所：南京師範大学附属実験中学提供資料をもとに筆者作成

専攻別に、さらに全国募集を行っている場合は省ごとに定員を配分する。省ごとに定員を割り当てるため、省単位での試験の実施が可能となっている（南部 2016）。

　全国統一試験の出願は、戸籍所在地の省の新入生募集委員会に学校を通じてインターネットで行う。紙媒体でも資料を提出する。出願資料は、①受験生の基本情報（氏名、性別、身分証番号、家庭環境、連絡先、政治審査結果等）、②在学時の学業成績、③受験生の総合的な資質・能力（原語は「総合素質」）を反映した資料、④健康診断結果、⑤志願表、⑥過去試験での不正行為の有無等の情報をネット上で入力する。このうち、政治審査は受

験生の所属学校が行い、受験生の政治思想的態度、品性徳性を評定するもので、健康診断結果は新入生募集委員会が一定レベルの病院で実施する。政治審査と健康診断の合格が合格者判定の前提となる。

入試は毎年6月に行われる。試験科目は中国語、数学、外国語の共通3科目に加え、物理、科学、生物、歴史、地理、思想政治の6科目から1～数科目を指定するか、応用力や問題解決能力を問う「文科総合」「理科総合」と呼ばれる科目を地方や学校・学科が指定する。出題は教育部試験センターが行うが、地域差があるため、一部の省で独自の出題が認められている。各省の新入生募集委員会が採点を行い、合格最低ラインを決定する。大学は、合格最低ラインに達した入学志望者の資料を新入生募集委員会から受け取り、統一試験の成績とともに出願資料を参考に入学者を決定する。

出願資料のうち、②の在学時の学業成績を示すものとして「学業水準試験」(通称「会考」)成績がある(図2)。在籍校の学期末試験の成績とともに用いられることもある。水準試験は年2回、高級中学段階の全科目について行われる。学期末試験成績が一般に絶対評価による等級法(4又は5段階)又は百点法(90～100点=優秀、75～89点=良好、60～74点=合格、59点以下=不合格)であるのに対し、省が行う水準試験の評価は一般にA～Eの等級で示される。その割合はA(15%)、B(30%)、C(30%)、D・E(30%)となっており、Eが不合格である。不合格の場合、追試が受けられる(馬越・大塚 2013)。

また③の受験生の総合的な資質・能力を反映した資料には、生徒会やボランティア活動など各種活動の記録が用いられる。

近年は統一試験の成績のみを重視する選抜方法の改善をねらいとした「総合資質評価」が用いられることもある。総合資質評価は、「思想品徳」（党活動、ボランティア活動など）、「学習能力」、「心身健康」、「芸術的素養」、「社会実践」（校外学習、軍事訓練など）などの領域に分け、学校が生徒の資質・能力を等級や合格／不合格を用いて総合的に評価するものである（表3）。

　大学院入試は、全国統一試験、連合試験（在職者対象。専門職学位課程が中心）、単独試験（在職者対象）のほか、推薦試験（当該年度学部新卒者に対する一次試験免除）がある。出願はインターネットを通じて行い、自身で学歴、職歴、家庭環境、賞罰歴等を入力する。選抜試験は一般に一次試験と二次試験からなる。一次試験は国（教育部）が統一的に組織して行い、二次試験は募集単位である各大学・研究所が行う。修士課程の場合、一次試験では筆記試験が行われる。試験科目は思想政治、外国語及び2つの専門科目の計4科目である。一次試験合格者を対象に、二次試験では各募集機関が主として面接試験や出願資料等を通じて受験生の創造性、専門的な資質・能力、総合的な資質・能力（思想政治的態度、専門外の学習の成績、協調性等の人間性など）を審査する。近年、大学院課程への入学者も増加傾向にある。

▼ 第5節　日本語教育・日本語学校

　2018年現在、日本の高等教育機関並びに日本語教育機関に在籍している留学生のうち中国人が最多の11万5千人で、全体の38％を占める（日本学生支援機構 2019）。中国での日本語

教育は戦前から行われていたが、1972年の日中国交正常化により日本語ブームが到来し、多くの大学で日本語教育が始まった。1980年代には中等教育段階で必修外国語科目の一つになった。地理的に近く、また、日本のドラマ、アニメやマンガも若者を中心に人気があり、2018年時点で中国にいる日本語学習者数は100万人を数える。小学校から大学、成人向けの民間の語学学校を含む日本語教育機関数も2,435機関に上る（国際交流基金 2019）。

　初等中等学校で日本語を第一外国語として開設する学校はそれほど多くない。第一外国語として開設している学校は日本との関わりが深い東北三省（遼寧、吉林、黒竜江）に集中している。日本語の専門教育を行っている中等教育レベルの外国語学校もある。第一外国語としての日本語は一般に初級中学から始まる。教育部『義務教育日語課程標準（2011年版）』によると、初級中学修了までに、簡単な手紙を書くことができ、100〜150字の作文ができるレベルに到達することが目指されている（教育部2011b）。比較的条件が整っている学校では第二外国語として開設してもよいことになっている。高級中学段階で第一外国語として日本語を開設する場合、必修課程では学業水準試験合格レベルに、選択必修課程では全国統一試験の試験科目として選択できるレベルに設定している（教育部 2018b）。日本語の語彙や知識、言語スキル（読む、聞く、書く、話す）、言語に対する文化的理解などを日常的に評価し、最終的には筆記やスピーキングなどの方式で総合的な言語運用能力を評価する。

　大学での日本語教育は、日本語専攻、非専攻第一外国語、非専攻第二外国語に分けられる。日本語専攻は主に外国語関連の学部に設けられ、全国の高等教育機関に400程度開設されて

いる。非専攻第一外国語は、原則として中等教育で日本語を第一外国語として選択した学生が履修できるもので、非専攻第二外国語は第一外国語（英語など）修了者が日本語を第二外国語として履修できるものである。大学入学時日本語初学者だった学生が3年次には最も高い日本語能力試験N1レベルに到達する場合も少なくない。日本語専攻の学生を対象とした大学日本語専攻4級・8級試験、日本語専攻以外の学生を対象とした大学日本語4級・6級試験も国内で実施されている。

　一般成人向けの日本語クラスや日本語学校で学ぶ学習者は相当数いる。国内の大学に進学できなかった高級中学卒業生を対象に日本留学を斡旋する日本語学校もある。日系企業や日本との取引が多い企業では、従業員向けに企業内日本語教育を行っているところもある。このほか、DVDや独学用の教材で自学自習している学習者も存在する（国際交流基金 2017）。

　国内に日本語学習者は数多くいるものの、日本語教師の統一的な資格はなく、日本語学科を卒業して教師になる者も極めて少ない。日本人を雇用する機関もあるが、その場合、日本での教授歴、日本語教育能力検定試験の合格などを求める機関が増えている（国際交流基金 2017）。

▼▼▼ おわりに

　英語や徳育などの教科の内容、入試の多様化や評価の多元化の傾向から、今日中国では、子どもたちの資質・能力を、入試の成績や学業成績からだけでなく、様々な面から総合的に捉える方向へと改革が進んでいることがわかる。これは、グローバル化

が進む社会の中で国際的な競争で勝ち残るために、諸外国と同様、自ら学び、判断し、知識を活用できる能力を備えた人材の育成が求められていることが背景にあるといえよう。

しかし現状は、大学進学のための過熱した受験競争が依然として続いている。宿題量の制限や塾の規制など学習負担軽減措置が政府によって数々打ち出されはするものの、中々改善はみられない。また、学校間、地域間の教育格差の是正に向けた取り組みも十分に功を奏しているとは言えない。さらに、幼い頃からの進学競争や一人っ子政策の影響による児童生徒の心の問題やいじめや校内暴力などの問題行動への対応も、新たな問題として浮上している。

様々な問題を抱えながらも、教育の質を高め、子どもたちに生涯にわたって自ら学ぶことのできる力をいかに育てていくか。こうした課題に中国は直面している。

【引用・参考文献】
1. 馬越徹、大塚豊編『アジアの中等教育改革－グローバル化への対応』東信堂、2013 年。
2. 教育部『義務教育英語課程標準 (2011 年版)』北京師範大学出版社、2011 年 a。
3. 教育部『義務教育日語課程標準 (2011 年版)』北京師範大学出版社、2011 年 b。
4. 教育部『普通高中課程方案（2017 年版）』人民教育出版社、2018 年 a。
5. 教育部『普通高中日語課程標準（2017 年版）』人民教育出版社、2018 年 b。
6. 教育部「2018 年全国教育事業発展統計公報」2019 年、http://www.moe. gov.cn/jyb_sjzl/sjzl_fztjgb/201907/t20190724_392041.html（2019年12月28日閲覧）。
7. 国際交流基金「中国（2017 年度）日本語教育 国・地域別情報」2017 年、https://www.jpf.go.jp/j/project/japanese/survey/area/country/2017/china.html（2019 年 12 月 28 日閲覧）。

8. 国際交流基金『2018 年度「海外日本語教育機関調査」結果（速報値）』2019 年、https://www.jpf.go.jp/j/about/press/2019/029.html（2019 年 12 月 28 日閲覧）。

9. 南部広孝『東アジアの大学・大学院入学者選抜の比較 – 中国・台湾・韓国・日本 – 』東信堂、2016 年。

10. 日本学生支援機構「平成 30 年度外国人留学生在籍状況調査結果」2019 年、https://www.jasso.go.jp/about/statistics/intl_student_e/2018/index.html（2019 年 12 月 28 日閲覧）。

2 韓 国

「似て非なる」隣国の教育は今

大学修学能力試験会場から出てきた受験生を
出迎え抱擁する保護者（筆者撮影）

課外学習プログラムの発表会で流暢な英語を
使ってスピーチする小学生（筆者撮影）

▽▽▽ はじめに

　日韓両国の国民気質の違いを評して韓国人がしばしば口にするたとえに、「走る前に考える日本人、走りながら考える韓国人」というのがある。何か新しくものごとを始めるにあたって比較的慎重な姿勢をとる日本人に対し、「シジャギパニダ（始めてしまえば半分終わったも同然）」と考える韓国人はチャレンジ精神が旺盛で行動力がある。教育政策においても韓国人のチャレンジ精神や行動力は遺憾なく発揮されており、英語教育の推進など日本の一歩も二歩も先をいっている分野もある。本章ではいくつかのトピックを取り上げ、韓国の教育の特徴や日本との共通点・相違点について考えてみよう。

▽▽▽ 第1節　学校教育制度の概要

　韓国の教育制度は日本とよく似ている。日本の小学校に当たるのが「初等学校（チョドゥンハッキョ）」、中学校に当たるのが「中学校（チュンハッキョ）」、高等学校に当たるのが「高等学校（コドゥンハッキョ）」（以下、高校）、そして大学に当たるのが「大学（デハク）」である。初等学校を除けば漢字表記はまったく同じであるし、修学年限（6-3-3-4）や義務教育期間（初等学校と中学校を合わせた9年間）も同一である。もう1つ日韓に共通しているのは、高い教育熱である。韓国の保護者はとても教育熱心で、子どもの進学率も高い。現在韓国では同年齢層のほぼ全員が高校まで進学するし、大学進学率も7割近くに達している。

　一方で日本と異なる点もある。韓国には基本的に中学校入試

図1. 韓国の学校系統図

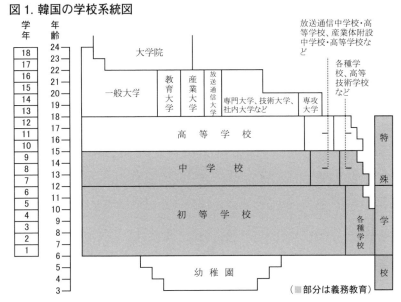

出所： 教育部、韓国教育開発院『2019 整理された教育統計』韓国教育開発院、2019 年、63 頁（韓国語）をもとに筆者作成

や高校入試が存在していないのである。これは、熾烈な受験競争を抑制するために1960年代末から1970年代半ばにかけて中等教育段階における入試が廃止された結果である。このため科学者養成やスポーツ選手育成などの特別な目的を持つ一部の学校を除けば、公立はもちろん私立の中学校・高校でも入試が原則禁止されている（ただし高校の場合、入試が禁止されているのは主に都市部の普通科である）。中学校や高校への進学者は居住地の教育委員会が実施する抽選によって、学区内の学校にランダムに配分されていく。もちろん自分で選んだ学校でない以上、進学先が公立か私立かによって授業料に差があっては不公平になる。このため政府が私立学校に手厚い財政支援をしており、私立中学校は公立中学校と同じく無償、私立高校の授業料は公立

高校と同一の安い値段に設定されている。こうして、韓国の子ども
もの大部分は大学入試まで競争的な入試を経験しないまま育つ
のである。極めて平等な進学システムといえるが、その一方でこ
うしたシステムがかえって「最初で最後の入試」である大学入試
を激化させたり、私立学校の個性や自由を奪ったりしているといっ
た批判もある。

◥◣◢ 第2節　初等・中等教育における外国語教育

　日本と同じく韓国の中学校や高校においても英語科は主要教
科の1つであり、政府や学校は熱心に英語教育に取り組んでいる。
しかし初等教育段階の英語教育については日本との間に大きな
違いがある。韓国のほうが断然積極的なのである。韓国では今
から20年以上前の1997年度に早くも初等学校3〜6学年を対象
に英語教育を導入している。初等学校英語科は当初から必修
教科として位置づけられ、授業時数は一律週2時間であった。
2001年度には財源不足などを理由に3・4学年の授業時数が週
1時間に削減されたものの、2010年度から元の週2時間に戻った。
さらに2011年度からは5・6学年の授業時数が週3時間に拡大さ
れて現在に至っている。

　もちろん、初等教育段階における英語科の導入については韓
国でも様々な意見が存在していた。たとえば外国語教育は教え
始める時期が早いほど効果が高いという賛成意見があった一方
で、初等教育段階においては外国語の習得よりもまず母国語（韓
国語）の理解を優先させるべきであるという慎重な意見も少なな
かった。しかし最終的には、グローバル化への対応を重視した大

統領のリーダーシップによって、1997年度からの英語科導入が決定されたのである。こうした導入背景もあり、韓国の初等学校英語科には国際理解の増進などよりも実践的な会話能力の育成を重視する傾向がみられる。

　初等学校英語科の国家教育課程(日本の学習指導要領に相当)には次のように書かれている。「グローバル時代および知識情報化時代という変化に対応し、さらには国際社会において先導的役割を果たすために、英語を理解し表現する能力は必ず身につけなければならない力となった」。韓国では英語力を、21世紀のグローバル社会を生き抜くために絶対不可欠な能力と位置づけ、国を挙げて初等教育段階から英語教育を積極的に推進しているのである。

第3節　道徳教育

　日本では2018年度から「特別の教科　道徳」がスタートし、道徳教育は大きな転換点を迎えた。しかし韓国で道徳教育が教科化されたのは、今から50年近く前の1973年のことであった。韓国では日本による植民統治下でおこなわれていた修身科が1945年9月に廃止され、それに入れ替わるように公民科が設置された。さらに1947年からはアメリカの"Social Studies"をモデルとした社会生活科が設置された。この時期の道徳教育は、社会生活科や国語科を中心に学校教育全体を通じておこなわれた。その後、1963年に「反共・道徳」の時間が特設され、これをもとに1973年に正式な教科として道徳科が設置された。道徳教育が教科化された時期は日韓で大きく異なるし、韓国における道徳科導入には

北朝鮮との対立による反共教育や愛国心教育の必要性という政治的背景があったことを押さえておく必要がある。しかしながら、修身科の廃止とアメリカをモデルとした社会（生活）科の導入、道徳教育の時間の特設、そしてその後の教科化という歴史的な展開には、日韓の間で驚くほどの共通点が存在しているのである（関根 2018、p.3、pp.417〜422）。

　現在の韓国の道徳教育は、義務教育段階では必修教科の道徳科でおこなわれており（初等学校低学年では「ただしい生活」の中に道徳教育の要素が含まれる）、高校では社会科の中の選択科目である「生活と倫理」「倫理と思想」「古典と倫理」を通じておこなわれている。初等学校の道徳科は日本と同様に学級担任が担当するが、中学校と高校では「道徳・倫理」の教員免許を持つ専門の教員が道徳科や倫理関連科目を担当する。

　ここでは、義務教育段階における道徳教育の内容についてみていこう。初等学校道徳科の教科書は国定であり、中学校道徳科では検定教科書が使われる（なお、韓国の初等学校で使用される教科書は大半が国定である）。表1に中学校道徳科の内容体系を示した。これをみると「自身との関係」「他人との関係」「社会・共同体との関係」「自然・超越との関係」という4つの領域が定められており、それぞれの領域に対応するように4つの核心価値（「誠実」「配慮」「正義」「責任」）と、生徒に身につけさせるべき一般化された知識、内容要素、習得すべき技能が具体的に設定されている。こうした構成は初等学校道徳科も共通である。

　ここから分かるように、韓国の道徳科の内容体系は、子どもをとりまく世界を、子ども自身を中心にして「自身→他人→社会・共同体→自然・超越」のように同心円的に認識させることを意図して作

表 1. 中学校道徳科の内容体系

領域	核心価値	一般化された知識	内容要素	技能 （※印は共通技能）
自身との関係	誠実	人間らしい人生を生きるために核心的な役割をする道徳を学ぶことで真の幸福を追求し、望ましいアイデンティティを形成しなければならない。	○なぜ道徳的に生きなければならないか？（道徳的な人生） ○道徳的に行動するために必要なことは何か？（道徳的行動） ○私はどんな人間になりたいか？（アイデンティティ） ○人生の目的は何か？（人生の目的） ○幸福のためにどのように生きなければならないか？（幸福な人生）	○道徳的アイデンティティ確立能力 ・道徳的に自己を認識・尊重・調節する ・モデリング ○道徳的保健能力 ・レジリエンスを育てる ・健康な心を育てる ○高次思考能力※ ・批判的に思考する ・創造的に思考する ・配慮的に思考する ・道徳的な根拠と理由を提示する
他人との関係	配慮	家庭・隣人・学校およびオンライン空間において望ましい人間関係を形成するためには相手を尊重配慮する態度が必要であり、葛藤が発生する場合、合理的なコミュニケーションを通じて平和的に解決しなければならない。	○家庭における葛藤をどのように解決するか？（家庭倫理） ○真の友情とは何か？（友情） ○性の道徳的意味は何か？（性倫理） ○隣人に対する望ましい姿勢は何か？（隣人生活） ○情報化時代に私たちはどのようにコミュニケーションを図るべきか？（情報通信倫理） ○平和的に葛藤を解決することはどのようにして可能であるか？（平和的葛藤解決） ○暴力の問題にどのように対応するか？（暴力の問題）	○道徳的対人関係形成能力 ・他人の観点を採択する ・道徳的葛藤を解決する ○道徳的コミュニケーション能力 ・共感的に傾聴をする ・多様な方式でコミュニケーションをする ○道徳的情緒能力※ ・道徳的な情緒の理解・表現・調節をする ○害悪禁止能力※
社会・共同体との関係	正義	人間の尊厳と文化の多様性を普遍的な道徳に基づき保障し、1つの国家共同体の道徳的市民として社会正義および平和統一実現に寄与し、世界市民として地球共同体の道徳的問題の解決のために努力しなければならない。	○人権の道徳的意味は何であるか？（人権尊重） ○多文化社会で発生する葛藤をどのように解決するか？（文化の多様性） ○世界市民としての道徳的課題は何であるか？（世界市民倫理） ○国家の構成員としての望ましい姿勢は何であるか？（道徳的市民） ○正義とは何であるか？（社会正義） ○北朝鮮をどのように理解し眺めるか？（北朝鮮理解） ○私たちにとって統一の意味とは何であるか？（統一倫理意識）	○多文化・共同体・世界市民倫理意識形成能力 ・多様性に反応する ・社会的偏見を統制する ・共同体の一員になる ・普遍的観点を採択する ○統一倫理意識形成能力 ・バランスのとれた北朝鮮観を確立する ・未来志向的な統一観を確立する
自然・超越との関係	責任	環境親和的な生活と科学技術の倫理的使用を通じて持続可能な未来を目指し、倫理的省察を通じて生と死の意味と心の平和を追求しなければならない。	○自然と人間の望ましい関係は何であるか？（自然観） ○科学技術と道徳の関係は何であるか？（科学と倫理） ○生と死の意味は何であるか？（生命の大切さ） ○心の平和はどのように達成できるか？（心の平和）	○生命感受性高揚能力 ・生命親和的な観点を採択する ・生命親和的な実践技術を習得する ○専一的思考能力 ・生態持続可能性を追求する ・平等な心を追求する ○実存的自覚能力 ・道徳的な話を構成する ・人生の意味を構成する ○実践性向および意志※ ・実践的方法を探究する ・実践的方法を提示する ・実践的意志を涵養する

出所：「道徳科教育課程」（教育部告示第 2015-74 号 [別冊6]）、pp.7 ～ 8 を筆者が翻訳

られている。また、それぞれの対象（子ども自身を含む）との関係性を軸に道徳や倫理について考えさせることをねらったものとなっている。韓国の道徳科の内容体系にみられるこうした特徴には、日本の「特別の教科　道徳」にみられる特徴と似た点が多い（たとえば、内容項目のまとまりを示す4つの視点など）。一方、日本と異なる点としては、南北統一といった国家的課題が道徳科の内容に含まれていることや、心情面の指導を重視する日本と比べ、韓国では儒教の伝統や倫理学を背景として概念的・理論的な理解を重視する傾向が強いことを挙げることができる（車・八幡 2016、p.29）。

第4節　大学入学者選抜と成績評価

　韓国の大学入試のシステムは国・公・私立の別なく共通である。基本的に、全国一斉でおこなわれるマークシート方式の共通テストである「大学修学能力試験」（以下、修能試験）と、日本の二次試験にあたる「大学別試験」の2つの試験を組み合わせるかたちでおこなわれる。日本でもニュースなどで目にするパトカーや白バイが受験生を試験会場まで送り届ける様子は、毎年11月におこなわれる修能試験の光景である。1990年代半ばまではこの修能試験の結果が大学入試の合否を大きく左右していた。わずか1〜2点の差で合否が決まってしまうこうした入試制度のあり方は、受験生に過大なプレッシャーを与え、受験競争を煽るものとして社会から批判を浴びてきた。

　こうした「ペーパーテストの一発勝負」という入試形態が大きく変化したのは、1997年度以降のことである。この年、大学別試験に「随時募集」というＡＯ（アドミッション・オフィス）型入試が導入

され、その後急速に拡大したのである。随時募集では書類審査
や面接が選考の中心となる。そこでは、学生生活記録簿（日本の
調査書に相当）や自己紹介書、推薦書など多様な資料が活用され、
高校時代の教科成績だけでなくサークル活動やボランティア活動
など教科外活動の経験も重要な評価要素となる。修能試験の成
績が評価要素に加えられることもあるものの、合否に決定的な影
響を与える要素としてではなく、あくまで志願者に一定の学力が
あることを確認するために用いられる。随時募集で最も重要な資
料とされているのは学生生活記録簿であり、その記載事項は表２
の通りである。

　随時募集には、学生生活記録簿を重点的に評価する「学生
簿選考」や、１つの分野に卓越した能力を持つ者のための「特
技者選考」、格差是正のために志願資格を貧困家庭出身者や
農漁村部出身者などに限定した「機会均等選考」など多様な選
考方式が存在している。現在、各大学は全体の募集定員をこれ
ら多様な選抜方式に振り分けるかたちで入試を実施している。

　さらに2007年度以降の随時募集では、アメリカをモデルとした「入
学査定官」（アドミッション・オフィサー）による本格的なＡＯ型入試も
実施されるようになった。入学者選抜のスペシャリストである入学
査定官が評価に参加するこうした選抜方式では、教科成績等の
客観的数値だけでなく、志願者の興味関心と学科の専門分野と
の相性、モチベーションの高さ、入学後の「伸び」の可能性など
も重要な評価要素とされる。また、志願者のこれまでの学習環境
が考慮される点も興味深い。たとえば同じ学力レベルの志願者
であれば、学習環境のよい都市部の高校の出身者よりも学習環
境が整っていない地方の高校の出身者のほうを潜在力が高いと

表2. 学生生活記録簿（高校）の記載事項

（※卒業台帳番号等省略）

1. 人的・学籍事項

生徒情報	氏名：　　　　　　性別：　　　　住民登録番号： 住所：
学籍事項	年　　月　　日　○○中学校 第3学年 卒業 　　年　　月　　日　□□ 高等学校 第1学年 入学
特記事項	

2. 出欠事項

学年	授業日数	欠席日数			遅　刻			早　退			欠　課		
		疾病	無断	その他	疾病	無断	その他	疾病	無断	その他	疾病	無断	その他
1													

（※2・3学年省略）

3. 受賞経歴

学年 (学期)		受賞名	等級(位)	受賞年月日	授与機関	参加対象 (参加人数)
1	1					
	2					

（※2・3学年省略）

4. 資格証および認証取得事項

〈資格証および認証取得事項〉

区分	名称または種類	番号または内容	取得年月日	発給機関
資格証				

〈国家職務能力スタンダード 履修事項〉

学年	学期	細分類	能力単位 (能力単位コード)	履修時間	素点	到達度	備考

5. 創意的体験活動事項

学年	創意的体験活動事項		
	領域	時間	特記事項
1	自律活動		
	サークル活動		（自律サークル）
	進路活動		希望分野　　※ 上級学校には情報提供禁止

（※2・3学年省略）

学年	ボランティア活動実績				
	日時または期間	場所または主管機関名	活動内容	時間	累計時間
1					

（※2・3学年省略）

6. 教科学習発達事項

[1学年]

学期	教科	科目	単位数	素点/科目平均 (標準偏差)	到達度 (受講者数)	席次等級	備考
1							
2							
	履修単位合計						

〈進路選択科目〉

学期	教科	科目	単位数	素点/科目平均	到達度 (受講者数)	到達度別 分布比率	備考
1							
2							
	履修単位合計						

〈体育・芸術〉

学期	教科	科目	単位数	到達度	備考
1					
2					
	履修単位合計				

（※2・3学年省略）

7. 読書活動事項

学年	科目または領域	読書活動事項
1		

（※2・3学年省略）

出所：「学生生活記録簿作成および管理指針」（教育部訓令第280号）の「【別紙第3号書式】学校生活記録簿（学校生活記録簿I）」を筆者が抄訳

40

みなし、より高く評価する（読売新聞教育部 2016、pp119～120）。なおTOEICなどの民間の資格・検定試験の成績や、国際科学オリンピックなどの競技試験大会の受賞歴については、いずれの大学においても評価要素に加えないよう取り決めがなされている。塾での試験対策など私教育を煽るとの理由からである。

　以上のようなAO型の随時募集に対し、従来通り修能試験の成績を重視する大学別試験は「定時募集」と呼ばれる。全募集定員に占める随時募集の割合は年々増加しており、2020年度入試では4年制大学全体の募集定員の8割近くが随時募集に、残りの2割あまりが定時募集に割り当てられた。

　このように韓国の大学入試においては、1990年代以降選考方式の多様化が進んでおり、いろいろな資料を用いてより多様な観点から志願者を評価しようという流れにある。ただし韓国政府としては、大学入試における各大学の自律性を無条件に拡大しているわけではない。まず韓国の大学入試には政府が課した「三不政策」という絶対的な原則がある。これは大学入試の公平性・公正性を確保するとともに受験戦争を抑制するために1998年に導入された3つの禁止事項である。すなわち、①大学別試験で英・国・数など教科・科目に関するペーパーテストをおこなうことを禁ずる、②志願者の高校時代の教科成績等を出身校の学力レベルに応じて大学側が補正し評価することを禁ずる、③大学の発展に貢献した人物や多額の寄付をした人物等の子孫を入試で優遇することを禁ずるという内容である。

　また、韓国の大学入試改革についても必ずしも順調に進んでいるわけではない。たとえば2000年代以降、随時募集の増加によって大学入試はもはや「ペーパーテストの一発勝負」ではなくなったし、

高校での学びを重視すべく選考資料における学生生活記録簿の比重も高められてきた。しかしながら相変わらず塾や予備校には多くの生徒が詰めかけている。随時募集における面接対策や自己紹介書の書き方、戦略的な教科外活動経験の積み方などのノウハウを求めてのことである。選考方式が変わっても受験競争の厳しさは変わらない。さらに、いろいろな資料を用いて多様な観点から評価する随時募集の選考方式では選考プロセスや合否の判断基準が外部からみえにくくなってしまう部分があるため、たびたび不正入学疑惑が起きて世間を騒がせてきた。こうした状況を受けてここ数年は、自学自習での対策がある程度可能で客観性も高い修能試験を重視したほうがむしろ大学入試の公平性・公正性を確保できるのではという声が、生徒や保護者の間からだけでなく政府内からも出てくるようになった。大学入試制度全体の中でマークシート方式の共通テストが果たす役割や利点を再評価するこうした韓国の議論は、共通テストへの記述式問題導入を模索する日本にとって示唆を含んでいるといえる。

 ## 第5節　日本語教育・日本語学校

　韓国人が日本語を学ぼうとする場合、韓国国内であれば民間の日本語学院（「学院」と呼ばれる塾や予備校のうち、日本語教育を提供するもの）に通ったり、大学に設置されている日本語・日本文学科や日本語教育学科へ進学したりする方法が一般的である。また韓国と日本は距離的に近いため、日本国内の日本語学校や大学に通うといった選択肢もある。本節では韓国国内で日本語を学ぶ場合についてみていこう。

　韓国には、2017年時点で民間の外国語学校が7,163校存在している（KOSIS国家統計ポータル）。ただし、このうち日本語の教育を主とする学校がどの程度を占めているかは不明である。シサ日本語学院およびワセダ日本語学院といった大手の日本語学校の教育プログラムを概観すると、韓国国内の大学入試対策（主に日本語・日本文学科が実施する「語学特技者選考」対策）、日本の大学への留学対策、社会人向けの日本語会話（日常会話やビジネス会話）などを中心に提供していることが分かる。

　一方、大学で日本語を学ぶ場合であるが、2019年時点で4年制大学における日本語・日本文学系列の学科は107学科あり、所属する学生数は13,533名となっている。同じ言語・文学系列では英語・英文学系列（218学科37,035名）、韓国語・韓国文学系列（185学科25,826名）、中国語・中国文学科（135学科20,150名）に続く第4位の規模である。中韓経済の結びつき強化を背景に中国語・中国文学系列の後塵を拝している一方、第5位のドイツ語・ドイツ文学系列（52学科6,375名）にはダブルスコアの差をつけている（KEDI教育統計サービス）。このように2000年代以降ドイツ語やフランス語などのヨーロッパ系言語・文学系列の学科の人気が落ち込む中、日本語・日本文学系列の学科の数や学生数は増加しており、健闘しているといえよう。日本語・日本文学系列の学科は言語・文学系列の中では人気学科の1つであり、このことは、韓国国内における日本語教育の需要の大きさを反映しているといえる。ただし2000年代末以降の韓国では、各大学の学部・学科の編成を産業界の需要に合わせるための改革が進んでいる。このため、英語以外の言語・文学系列の学科については今後の国際情勢や産業界の需要によってそのプレゼンスが大きく変動する可

能性がある。

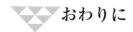おわりに

　冒頭で述べたように日本人と比べた場合の韓国人の特徴はその旺盛なチャレンジ精神と行動力にあるといえるが、それらは教育政策においても遺憾なく発揮されていた。本章でみてきたように英語教育の推進などグローバル化対応という点では韓国は日本の一歩も二歩も先をいっている。それと同時に、道徳教育や大学入試のあり方などについては日韓で共通した課題を抱えていることも分かった。韓国は今後こうした課題にどう応えていくのか。また、日本はどうであろうか。「似ているけれども少し違う」……そんなお隣の国、韓国の事例は、私たちが自国の教育について考えていく際の「合わせ鏡」として具体的で有益な示唆をもたらしてくれるだろう。

【引用・参考文献】

1. 馬越徹・大塚豊編『アジアの中等教育改革－グローバル化への対応－』東信堂、2013 年。
2. 河原俊昭編『小学生に英語を教えるとは？－アジアと日本の教育現場から－』めこん、2008 年。
3. 関根明伸『韓国道徳科教育の研究－教科原理とカリキュラム－』東北大学出版会、2018 年。
4. 車美庚・八幡英幸「韓国と日本の道徳教育」『熊本大学教育実践研究』第 33 号、2016 年、pp.17 ～ 30。
5. 南部広孝『東アジアの大学・大学院入学者選抜制度の比較－中国・台湾・韓国・日本－』東信堂、2016 年。
6. 二宮皓編著『新版　世界の学校－教育制度から日常の学校風景まで－』学事出版、2014 年。
7. 読売新聞教育部『大学入試－海外と日本の現場から－』中央公論新社、2016 年。
8. シサ日本語学院 https://www.japansisa.com/ (2019 年 12 月 9 日閲覧)。
9. ワセダ日本語学院 http://www.wasedamia.com/（2019 年 12 月 9 日閲覧）。
10. KEDI 教育統計サービス https://kess.kedi.re.kr/（2019 年 12 月 9 日閲覧）。
11. KOSIS 国家統計ポータル http://kosis.kr/ (2019 年 12 月 23 日閲覧）。

3 台湾

中央集権的な教育システムと学校間の競争激化

日本植民地時代の台湾総督府の所在地でもあり、現在の最高権力機関でもある総統府（編者撮影）

「優れた学校」として社会から認められるために、公立学校も大いに業績を自己アピールしている（筆者撮影）

▼▼▼ はじめに

　1895年の日清戦争の結果、台湾は日本の植民地になり、教育も戦前日本の体制に組み込まれた。日本統治の50年間、小学校、中学校、高校、師範学校、専門学校、大学からなる近代的な教育システムが整備された。戦後、中国大陸から移った国民党の統治下で作られた教育体制は、戦前日本の制度と中華民国の制度が合体したものといえるが、アメリカの教育からも大きな影響を受け、日本と同じく6・3・3・4制になっている。1968年に九年制国民義務教育の実現によって識字率が大幅に高まり、その後、高校、五年制専門学校、大学も次第に増加し、現在は高学歴化を遂げて、2018年度の18歳〜21歳の大学在学者数は同年齢の人口の71.03%を占めている。

　民主主義、そして地方分権に基づき、台湾の学校教育においては生徒、学生や親の参加が盛んになっている。また、政府の財政難、少子化の関係で、学校評価、学校統廃合、特色ある学校づくりなどが進められている。一方、移民の多く暮らす台湾では、従来の「原住民族教育」（現在、16族が認められている）に加え、母語教育（原住民言語、台湾語、客家語など）、国際結婚による配偶者（いわゆる「新住民」）ならびにその子女の教育、外国人留学生教育など多文化教育に関わる政策も推進されているが、多くの課題もある。

　熾烈な国際競争、労働力不足に直面している台湾では、国内外から人材を求めるために、小学校段階の英語教育の導入、高校と大学の接続、大学教育の刷新のほかに、東南アジア、南アジア、

オセアニアの16か国を中心とした「新南向政策」も推進されている。また、国際結婚による配偶者とその子女への大学特別入試、小学校・中学校・高校における日本語、韓国語や東南アジアの諸言語の導入などを通じて、草の根外交、社会統合などの側面もみられる。

▼▼▼ 第1節　学校教育制度の概要

現行の教育制度は6・3・3・4制をとり、就学前の幼児園教育（幼保一元化により、旧来の幼稚園と託児所が幼児園という名称に変更された）、国民小学（小学校）6年、国民中学（中学校）3年、高級中等学校（高等学校）3年、高等教育（学部教育、修士課程、博士課程）から構成される。また、中学校を卒業し、五年制専門学校（五専）と高校を卒業して二年制専門学校（二専）へ進学するルートもある。医学教育の修業では医学、歯学は6年、大学卒向けの医学（西洋医学）、中医（東洋医学）の修業は5年である。そのほか、「空中大学」（放送大学）、「進修・国民補習教育」（夜間学校、補習教育など）、特殊教育（特別支援教育）も正規の教育体制の一部である。

小学校・中学校は義務教育であり、高校教育段階は、「普通型」（一般高校）と、「技術型」（職業高校）、「綜合型」（総合高校）、「単科型」（科学、芸術、外国語、体育など）の四タイプに分けられる。また、中学校と高校で構成される「完全中学」（中高一貫校）もある。2014年より、高校教育（五年制専門学校の前三年を含む）普及のために、「九年義務教育」をベースとして、一定の条件による学費無料化、進学試験免除を含む「十二年国民基本教育」

が実施されている。さらに同年度に「実験教育三法」の通過により、小学校、中学校、高校段階では、個人、学校、団体または機構が地元の教育当局の許可を得られれば国の「課程綱要」(学習要領)に従わなくてもよい「実験教育」の実施が可能となった。高等教育段階は一般大学と科学技術系大学に二分されている。前者は教育部の高等教育司(高等教育局)が所轄し、後者に相当する技術学院(四年制単科大学)、専門学校は、技術職業教育司(技術職業教育局)が所轄している。大学評価も二つのシステムで行われている。

▼▼▼ 第2節　初等・中等教育における外国語教育

　1968年の義務教育の施行により、英語教育は第一外国語として中等教育段階で定着し、各教育段階に拡大している。2005

表1.「十二年国民基本教育」における英語の学習時間数

学習段階	小学校						中学校			高校		
	第一学習段階		第二学習段階		第三学習段階		第四学習段階			第五学習段階		
学年	一	二	三	四	五	六	七	八	九	十	十一	十二
必修			40分/週		80分/週		135分/週			16単位		2単位
選択履修												6単位

注1）高校では1単位の学習時間は18時間
注2）教育部の規定によれば、第10・11学年の英語授業は各学期に4単位、第12学年では2単位になる
注3）第五学習段階（普通型高級中等学校）では、学習の深化のため、英語または第二外国語の合計履修単位は少なくとも6単位。必修と選択履修を合わせて少なくとも24単位
注4）第五学習段階（普通型高級中等学校）では、学習の深化のため、英語の関連科目は「英語聴解」(2単位)、「英文閲読と創作」(2単位)と「英文作文」(2単位)が挙げられる
出所：教育部 (2018a)

年から、へき地の学校における英語教育の質の向上と、より優れた英語学習環境の提供のために、小学校三年生のカリキュラムに英語が導入されている。また2004年10月より外国人英語教員を受け入れ、小中学校で教えてもらうことも重要な教育政策になっている。こうした政策により英語教育は早期化され、小学校三年から六年まで必修科目として週2時間行われている。上記の小学校から高校までを見通した「十二年国民基本教育」（表1）政策の枠組みの中で「外国語」は、「英語」、「第二外国語」（日本語、韓国語、ドイツ語、フランス語、スペイン語、ロシア語、イタリア語など）、「新住民語」（国際結婚によって生まれた子どもたちの親が使う母語）という三つのグループに分けられている。

　まず、英語教育は「学生中心」に再構築され、聞く・話す・読む・書くという能力だけではく、積極的な学習動機・自学能力の向上や、英語で考え、行動する力を育てることが英語教育の目標となっている。小学校、中学校と高校における英語教育の接続は五つの段階に分けられ、必修、選択履修、学習評価などの枠組みが構築されている（教育部 2018a）。

　次に、高校における第二外国語教育は、選択科目として1983年より取り入れられたが、近年の教育改革に伴い、拡大している。とくに、「十二年国民基本教育」政策の下で「優れた高校」と認められるために、多くの高校が自らの「特色」づくりとして第二外国語教育に取り組んでいる。歴史をさかのぼると、1999年に第一期「高等学校第二外国語教育5ヵ年計画」が公布・実施され、2005年に第二期が継続されるとともに、「高等学校第二外国語教育科目センター」も設置された。2008年には「普通高校選択科目『第二外国語課程綱要』」が公布された。同時に、高校の

第二外国語はアメリカのAP（Advanced Placement）プログラム
に相当したものとして位置づけられることになった。すなわち外国
語学部を有する大学に高校生向けの外国語課程を開設し、出
前授業を行い、同科目の単位を修得した生徒が将来大学に入学
した後、関連学部または教養教育の単位として認めるという仕組
みである（林・楊 2013）。

　2019年現在、高校で開設された第二外国語は日本語、フラ
ンス語、ドイツ語、スペイン語、韓国語、ラテン語、ロシア語、イタ
リア語、ベトナム語、インドネシア語、タイ語、マレー語、ポルトガル
語、フィリピン語、ミャンマー語などの15言語が挙げられる。開設
クラスは3,979クラス、履修人数は延べ113,615人に上る（教育部
2019b）。また、2018年度の第二外国語のAPプログラムの開設
実績は高校20校、42クラスを数える（教育部 2018b）。

　「十二年国民基本教育」政策の中では、第二外国語は中学
校と高校のカリキュラムにおいても導入が可能になっている。中
学校段階では弾力化した学習課程に第二外国語のプログラムま
たは部活動で行うことができ、高校段階では学生のニーズまたは
学校の発展、ビジョン、特色に沿って、選択履修としてカリキュラ

表2.「十二年国民基本教育」における第二外国語の位置づけ

	中学校			高校		
学習段階	第四学習段階			第五学習段階		
学年	七	八	九	十	十一	十二
第二外国語	弾力化した学習課程			1. 選択履修として第二外国語は最多で6単位。 2. 選択履修として第二外国語または英語を履修する場合は最小で6単位。		

出所：教育部（2018c）

52

ムに取り入れることができるようになっている。

　最後に、「新住民語」カリキュラムの導入も、国際理解、草の根外交、また国際競争力の向上、「新南向政策」推進の側面からみれば大きな意義を持っている。台湾は多文化社会であり、国際結婚によって生まれた子どもたちの人数もかなり増えている。2018年度に小中学校に在籍している生徒のうち、国際結婚によって生まれた子どもの割合は9.4％を占めている（教育部 2019a）。このような子どもたちは将来の国際的人材として位置づけられている。この文脈では「十二年国民基本教育課程綱要」に基づき、初期に開設される新住民語はベトナム語、インドネシア語、タイ語、ミャンマー語、カンボジア語、フィリピン語、マレー語など、もっとも多くの新住民によって使われる7か国語が挙げられる。現在、生徒のニーズに沿って、小・中・高の段階で取り入れられ、週末または夏・冬休み期間中で行われることも可能である。英語教育のように、第二外国語と新住民語の接続は五つの段階に分けられるとともに、学習評価基準と枠組みもすでに構築されている（教育部 2018d）。

▼▼▼ 第3節　道徳教育

　1949年の戒厳令実施後の台湾の道徳教育は、中華民国から継承された「四維」（礼義廉恥）、「八徳」（忠孝仁愛信義和平）、「三達徳」（智仁勇）、「新生活運動」の規定に基づいて行われてきた。その後、1968年より義務教育の実施に伴う小学校教科の「公民訓練」（1948〜1961年）、「生活と倫理」（1962〜1993年）、中学校教科の「公民」（1949〜1967年）「公民と道徳」（1968年

〜)、そして高校教科の「公民」、「公民と道徳」、「三民主義」が行われてきた。当時の道徳教育は「国民」を養成する生活教育、人格形成教育、民族精神教育とイデオロギー教育が混在していた。1987年の戒厳令解除後、社会運動や学生運動に伴い、教育改革が各界に求められた。小学校の「生活と倫理」は「道徳と健康」へ改名され、中学校の「公民と道徳」の内容が多く再編され、高校の「公民」は社会科から外され、「公民教育」という新しい分野となった。2003年公布の「九年一貫課程綱要總綱」の中の各教科の学習指導要領では「道徳教育」の代わりに「品徳教育」が使われるようになった(李琪明 2017)。

　それ以降、小中学校では「品徳教育」は正式の教科でなく、各教科の教育内容に融合されるようになったが、社会科の課程目標からは品徳教育の精神がみられる。新設された高校の「公民と社会」の課程目標は「社会科学の知識を充実すること」、「多元的な価値感、思いやり、市民意識を育てること」、「民主社会に参加する行動能力を増やすこと」が挙げられる。このように新しい教科における道徳教育の要素の欠如という疑問を応じるために、教育部は2004年より「品徳教育促進プログラム」の推進を始め、これまで三期のプログラム(第一期2004〜2008年、第二期2009〜2013年、第三期2014〜2018年)を行ってきた(教育部 2019c)。教育部によれば、「品徳」は「品格」と「道徳」からなり、その中身は公的・私的領域における道徳の認識、感情、意思、行為などの側面がみられる。すなわち学習者が「善を知る」、「善を楽しむ」そして「善を行う」過程と結果を指す。このプログラムの実施原則は「イノベーションと質向上」、「民主主義の過程」、「全員参与」、「統合と融合」、「分かち合いと激励」が挙げられ、品徳教

育の参加者も就学前段階の子どもから、小・中学生、高校生、大学生、社会人までを含んでいる。実施方法は、教員養成と行政チームの強化、カリキュラム活動の強化、教育イノベーションと評価、教材開発と研究調査、品徳教育の深化とモデル校、推進と広報および実践から構成される。カリキュラムの面から言えば、高校以下の学校では品徳教育を各領域／科目に取り込み、弾力化した学習課程の中で実施している。また、朝礼、クラス会、学校祭、体育活動、芸術活動、読書会、環境教育、サービス・ラーニングの中で行うこともある。これらの情報も教育部の「品徳教育資源網」という公的ウェブサイトで公開されている（教育部 2019d）。

▼▼▼ 第4節　大学の入学者選抜と成績評価

　1954年より複数の大学による連合募集、いわゆる「大学聯考」（大学連合試験）が40年あまりにわたって実施されてきた。1990年代より多くの改革を経て、現在のいわゆる「多元的入試制度」は、「繁星推薦」、「個人申請」と「統一入試による入学」が分けられる。また、各大学による特殊人材選考入試もある（図1参照）。この制度は「入試の専門化」と「受入れの多様化」に基づき、高校の均質化、地方の格差の解消、大学の社会的責任の向上、知識中心の入試から脱却、受験者のモチベーションの向上、その趣味、能力への対応などのメリットが挙げられる（教育部 2019e）。

図1. 多元的な大学入試制度

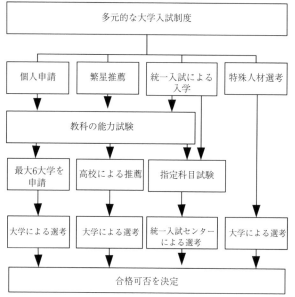

出所：筆者作成

1. 個人申請

　個人申請の場合、受験生は最大6大学（学科）を出願できる。学科が教科能力テストの基準と受験生の各科目（1から4科目）の成績の数値から入学者を選抜する。学科は募集単位としてそれを自由に設定できる。各大学（学科）が書類審査、面接、実技能力（体育、音楽、美術）などの指定項目を通じて入試を行う。書類審査では、高校の成績リスト、学校内のコンテスト、幹部の担当、部活の経験、学校外のボランティア活動、コンテストの受賞、外国語能力、資格などを評価する。各大学が「正式合格者」と「補欠者」を公布した後、受験生は合格者として登録できる。合格した大学の入学を辞退すれば、「統一入試」に参加することも可能

である。

2. 繁星推薦

　繁星推薦は教育による再生産と都市・地方の教育格差を抑制するために、2006年より始まった制度である。受験資格は在籍高校での成績上位者に限られている。台湾大学のような大学の場合、在籍時の総合成績は上位20%、一般の大学の場合は上位50%でなければならない。また、受験生は一大学しか推薦を受けることができず、同じ分野・学群に願書を出さなければならない。繁星推薦申請者は個人申請に出願できない。入学を辞退した場合は「統一入試」への参加が可能である。大学は教科能力テスト、実技能力（体育、音楽、美術）の結果を再確認した後、合格者を決定する。

3. 統一入試による入学

　個人申請や繁星推薦での入試結果に不満足の者、または統一入試に参加したい者は「指定科目試験」に参加できる。受験者は最多100学科（プログラム）まで出願することが可能である。各大学は最低合格点数を設け、教科能力テスト、実技能力（体育、音楽、美術）の結果や、「指定科目」のうちの3〜5科目に重みを付けたりして、合格の可否を決定する。

4. 特殊人材選考入試

　台湾籍を持つ海外子女、新住民とその子女、実験教育校の生徒、経済的なマイノリティの生徒、ACT（American College Testing）またはSAT（Scholastic Assessment Tests）の試験

結果を持っている者は、各大学による「特殊人材」の選考入試に参加できる。実際は、単一の科目に対する大変優れている能力を持つ者、国際的なコンテストに受賞された者、体育また芸術面で才能を持つ者などもこのルートを選べる。

　このように、受験者が個人申請、繁星推薦と統一入試に参加でき、一人あたり少なくも二回の受験機会を持っていることから、不本意入学が避けられる。また大学側も、できるだけ個人申請、繁星推薦の段階で定員を確保し、学習意欲の高い受験生を受け入れるために、広報活動を行っている。

　2019年より実施されている新課程では普通型高校での修得単位数が198単位から180単位へ削減された。これに伴い、2022年より高校での学習履歴（E-ポートフォリオ）が入試の審査の材料として全面的に導入される予定である。高校生は学内外の学習成果を担当教員の認証を受けてから、毎学期に国のデータベースにアップロードしておくことになっている。こうした仕組みを通して入試を含む高大接続が進められている。

　高校では学期ごと（二学期制）に成績がつけられ、その成績表は卒業要件の証拠として使われる。ここで一番の有名校である台北市立建国高級中学の成績表を見てみよう。図2のとおり、教科科目は「核心」（必修）と「選択履修」（選修）の二種類に分けられる。そこで、各教科の成績（百点法）、平均成績、クラス人数、クラスにおける成績ランキング、学級人数、履修単位数、校長、学務主任、教務主任、担当教員、両親のサインと意見申し出の欄などみられる（臺北市建國高級中學 2014）。日本の指導要録の行動及び性格の記録に相当するページがこれに続く。同校では両親が自らのアカウントで学校のウェブサイトにアクセスし、自分の

図2. 臺北市建國高級中學の成績表（サンプル）

臺北市立建國高級中學

103學年度下學期 學期成績通知單

100　座號：00　姓名：有智慧　學號：10300000

科目	性質	上學期100班00號		性質	下學期100班00號		學年成績
		學分	分數		學分	分數	
國文	核心	4.0			4.0	85.0	80.0
英文	核心				4.0	75.0	78.0
數學	核心	4.0			4.0	72.0	67.5
公民與社會	核心	2.0			2.0	86.0	82.0
歷史	核心	2.0			2.0	71.0	77.5
地理	核心	2.0	84.0	核心	2.0	85.0	84.5
基礎物理	核心	2.0	86.0				86.0
基礎化學							85.0
基礎生物	核心	2.0	82.0				82.0
基礎地科							70.0
音樂	核心	1.0	75.0				79.0
美術	核心	1.0	79.0	1.0		76.0	77.5
家政	核心	2.0	88.0	選修	2.0	78.0	83.0
體育	核心	2.0	78.0	核心	2.0	82.0	80.0
資訊科技概論	選修	2.0	92.0	必修	2.0	85.0	88.5
日語	選修	1.0	91.0	選修	1.0	94.0	92.5
全民國防教育	必修	1.0	86.0	必修	1.0	78.0	82.0
生涯規劃				選修	1.0	96.0	96.0
生命教育	選修	1.0	93.0				93.0
學業成績總分		2644.0			2639.0		5283.0
學業平均成績		80.1			80.0		80.1
班級人數		44			44		
班級名次		20			13		15
年級人數		1243			1237		1237
修習學分	必	29.0			29.0		58.0
	選	4.0			4.0		8.0
實得學分	必	29.0			29.0		58.0
	選				4.0		8.0
累積學分	必	29.0			58.0		58.0
	選	4.0			8.0		8.0
升級狀態		升級		補考日期			

一、學科成績

核心課程必修 48 學分

領域科目	應修	已得
國文	8	8.0
英文	8	8.0
數學	6-8	8.0
社會	6-10	12.0
自然	4-6	8.0
藝術	4	4.0
生活	4	4.0
體育	4	4.0

各課程皆有其專屬學分性質，不同性質之學分數不得相互流用

1、累計須得 48 學分
2、各核心課程領域皆須獲得其規定之最低學分數

一、#表不及格;*表補考後成績;&表成績因學年及格而及格。
二、學期成績若有疑義，請於開學一週內向任課老師複查。
三、成績證明:自行影印後攜帶正副本至註冊組驗印，影本可視同正本使用
四、成績單請妥為保存，恕不補發。其他未盡事宜請參閱學生手冊。

畢業條件一：
必修累計須得 120 學分
選修累計須得 40 學分

家長簽章及意見	導師	學務主任	教務主任	校長
父親簽章：				
母親簽章：				

出所：臺北市建國高級中學（2014）

子どもの成績を調べられるシステムが設定されている。

▼▼▼ 第5節　日本語教育

　戦後、国語（中国語）教育推進運動が激しく展開されため、台湾語、客家語、原住民族言語は国民党政権によって「方言」として扱われ、一時的に禁じられた。植民地時代における「国語」であった日本語の使用も当然のごとく禁止された。このように、戦前に生まれた世代と違って、戦後に生まれた者は学校で日本語を学ぶ、または使う機会がほとんどなかった。

　1963年に私立中国文化学院（現、中国文化大学）に東方語文学科日本語組が戦後初の日本語教育機関として設置された。そして1980年に台中商業専科学校（現、国立台中科技大学）応用外語系日本語組が国立初の日本語教育機関として作られ、1989年に国立政治大学東方語文学科日本語組が国立大学初の日本語教育機関として設置された。1980年代に私立大学を中心に日本語または日本研究の修士課程が開設され、1990年代に入ると、台湾日本語文学会（1989年）などの日本語教育関連学会が次々と成立した。1999年には「高級中学第二外語教育五年計画」が開始されるとともに、高校段階でも日本語教育が大いに進められてきている（国際交流基金 2017）。

　2015年の国際交流基金による日本教育機関の調査結果では、台湾における日本語教育機関数は851校あり、教師数は3,877人、学習者は220,045人を数えた（国際交流基金 2017）。2018年の調査では日本語教育機関は846校に減り、学習者も170,159人（49,886人減少）に減少しているが、教師数は4,106名へと増加し

ている（国際交流基金2019）。

　高等教育機関（2015～2016年）158校のうち、日本語学科を持っているのは47校ある。大学院修士課程を有するのは17校、博士課程は1校である（国際交流基金 2017）。大学の通識教育（教養教育）の中で日本語は、第二外国語として一番人気がある。高校段階の第二外国語のうち、日本語を履修する人数も多い。その理由は、2008年に教育部「普通高級中学選修科目『第二外国語』課程綱要」が発布され、2014年に「十二年国民基本教育課程綱要」と第二外国語の課程綱要が公布されたことである。また、修学旅行、見学、姉妹校提携など日本との交流機会が増えた上、テレビ、インターネット、ソーシャルメディアの発達によって、日本語と日本文化の勉強そして日本人とのふれあいの機会が増加していることも背景にある。その上、2002年より大学（特に日本語学科）によっては、入学試験における加点制度や推薦入学制度が高校の日本語教育を進展させた一因でもある。2018年度前期には日本語クラスを有する高校は330校、1,146クラス、学習者35,947人、同年度の後期にはクラスを有する高校は265校、909クラス、学習者27,991人である（教育部 2019b）。またAPプログラムの補助金を受けた20校のうち、日本語を開設した高校は17校あり、22クラスに達している（教育部2018b）。高等教育機関でも、高校でも、正規の授業以外にスピーチコンテスト、ディベート大会、プレゼンテーションコンテスト、アフレコ大会などが盛んに実施されている。また、大学院生のための論文発表会や論文コンテストも行われている。

　正規の学校のほかに、「補習班」（塾）、財団法人語言訓練測験中心（LTTC）、大学の社会人向けクラス、「社区大学」（コミュ

ニティ・ユニバーシティ）、「楽齢中心」や「長青学苑」（高齢者対象の生涯学習施設）など非正規学校の日本語教育機関も看過できない。

　教員養成の面では大学における専任の日本語教師は通常博士学位が要るが、専任・非常勤の日本人教師は日本語会話や作文を担当することが多い。高校における専任の日本語教員の養成が国立・私立大学の日本語学科と同じ大学の教師教育養成センターで行われている。公益財団法人日本台湾交流協会では日本語教師研修会が実施されている。また、教育部による高校の第二外国語の教師を対象とした研修会もある。

　台湾では1991年に日本語能力試験（JLPT）が開始した。現在日本台湾交流協会、国際交流基金、語言訓練測験中心が主催し、現在年2回、毎回N1〜N5まで、全レベルの試験を行っている。2019年度の2回の試験では全世界の受験応募者数136万6,020人のうち、台湾で受験した人数は43,131人に達し、海外86か国・地域のうちの4位であった（国際交流基金 2019）。

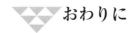 ## おわりに

　1990年より台湾の教育は大きな変革を迎えている。それは民主化、多文化社会による社会環境の変化に応じた結果である。国際競争力の向上のため、英語教育、第二外国語が強化されるとともに、アイデンティティへの追求と多文化社会の構築のため、本土の言語や新住民の言語も学校教育に導入されるようになった。一方、一発勝負の大学統一入試の代わりに「繁星推薦」「個人申請」「統一入試による入学」「特殊人材選考入試」からなる「多

元的な大学入試制度」が実施され、繰り返し改善が行われている。親日的な台湾では、高等教育機関における日本語教育と日本研究は時代の流れに伴って向上させてきたとみられる。今後より高校段階からの若い世帯の交流の深化が期待されている。

【引用・参考文献】

1. 教育部「十二年國民基本教育課程綱要―國民中小學普通型高級中等學校（語文領域 - 英語文）」、2018a、https://www.naer.edu.tw/ezfiles/0/1000/attach/23/pta_18518_3555074_59836.pdf（2020 年 1 月 15 日閲覧）。

2. 教育部「國教署補助 107 學年度大學辦理高級中等學校學生預修大學第二外語課程專班一覽表」、2018b、http://www.2ndflcenter.tw/web/class/classin.jsp?cp_no=CP1550221028446（2020 年 1 月 15 日閲覧）。

3. 教育部「十二年國民基本教育課程綱要―國民中小學普通型高級中等學校(語文領域―第二外國語文）」、2018c、https://www.naer.edu.tw/ezfiles/0/1000/attach/23/pta_18521_6265663_59836.pdf（2020 年 1 月 15 日閲覧）。

4. 教育部「十二年國民基本教育課程綱要―國民中小學（語文領域―新住民語文 ）」、2018d、https://www.naer.edu.tw/ezfiles/0/1000/attach/85pta_18516_1303652_59628.pdf（2020 年 1 月 15 日閲覧）。

5. 教育部「大學校院新生錄取人數及錄取率」、2019a、http://stats.moe.gov.tw/files/important/OVERVIEW_U10.pdf（2020 年 1 月 15 日閲覧）。

6. 教育部「102 ～ 107 學年高級中等學校開設第二外語學校、班數及人數統計總 計總表」、2019b、http://www.2ndflcenter.tw/web/class/class_in.jsp?cp_no=CP1560321784587（2020 年 1 月 15 日閲覧）。

7. 教育部「教育部品德教育促進方案」、2019c、https://ce.naer.edu.tw/upload/policy/policy.pdf（2020 年 1 月 15 日閲覧）。

8. 教育部「品德教育資源網」、2019d、https://ce.naer.edu.tw/（2020 年 1 月 15 日閲覧）。

9. 教育部「大學多元入學方案的理念」、2019e、http://nsdua.moe.edu.tw/#/about（2020 年 1 月 15 日閲覧）。

10. 国際交流基金「日本語教育の実施状況」、2017、https://www.jpf.go.jp/j/project/japanese/survey/area/country/2017/taiwan.html（2020 年 1 月 15 日閲覧）。
11. 国際交流基金「2018 年度海外日本語教育機関調査結果（速報値）」、2019、https://www.jpf.go.jp/j/about/press/2019/dl/2019-029-02.pdf（2020 年 1 月 15 日閲覧）。
12. 臺北市建國高級中學「附録、成績單範例」、2014、http://www.ck.tp.edu.tw/˜regists/index/103report.pdf（2020 年 1 月 15 日閲覧）。
13. 李琪明「台灣品德教育轉型與困境及其歷史脈絡的宏觀剖析」『教育學報』45（2）、2017 年、pp.1-23。
14. 林思敏・楊武勳「台湾の教育改革に見る高等学校の第二外国語教育」『淡江日本論叢』28、2013 年、pp.213 ～ 233。

4 香港

中国との差別化を図る改革

孫文も在籍していた、1862年創立（前身校）の歴史を誇る官立男子
中等学校（筆者撮影）

後期中等学校の英語の授業の様子。グループワーク・発表をさせる
授業形態が多くなった（筆者撮影）

▼▼▼ はじめに

　香港は東京都のほぼ半分の面積に、東京都の人口の半分より100万人も多い752万人（2019年中期の統計）ほどの人々が居住する中華人民共和国にある二つの特別行政区の一つである。1997年7月に150余年にわたる英国の植民地統治から中国へ主権が返還され、返還後50年間は軍事・外交といった高次の自由を除き、香港の独自体制が認められている。そのため2020年現在も、就学前段階から高等教育まで中国本土とは異なる香港独自の教育体制を維持している。かつては、輸入品に関税がかからないショッピング天国として日本人の身近な観光先となっていた。近年は2014年9月から3か月近く続いた香港行政長官選挙の民主化を要求する雨傘運動、さらに2019年3月には中国との逃亡犯引き渡し条例締結に反対する第二次雨傘運動が始まり、若者が政治に関心の高い地域としての印象が強いのではないだろうか。

▼▼▼ 第1節　学校教育制度の概要

　学年始期は英国や中国と同じく9月である。返還後もしばらくは英国の学制である6年間の初等教育、5年間の中等教育、2年間の大学予科、3年間の高等教育という6＋5＋2＋3制を採ってきたが、2009/10年の中学4年生（日本の高校1年生）進級時から、後期中等教育を3年、高等教育を4年とする新学制を採用し、中等教育は全ての学校が6年間の普通教育一貫校になった。2015年に旧制度上で進学した大学生が3年間の高等教育を修了・卒業し

図1. 香港の教育制度

返還後の現地新教育制度

（2015年9月に大学教育まで完全移行）

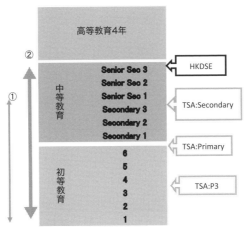

①1976年、9年間の義務教育制導入
②2008年、12年間の無償公教育の保証
注：
TSA: Territory-wide System Assessment（英語・数学・中国語の香港統一試験）
HKDSE: Hong Kong Diploma of Secondary Education（香港中等教育修了証書）試験

＊香港教育制度上の私立学校（Direct Subsidy Scheme; DSS及び, Private Independent School; PIS）は、香港の統一試験ではなくIBディプロマや英国のGCSE/A-Levels 等のカリキュラムを組むことも可能だが、有償の教育となる。また、この表にあらわされる現地教育制度校外の外国人学校や国際学校も、香港人の教育を担う学校として香港政府より認可されている。

出所：香港教育局の資料をもとに筆者作成

た段階で、新教育体制への完全移行が成立した（図1参照）。

　香港の公教育は、いわゆる公設公営の純粋な公立学校（原語：官立學校、Government schools）は極めて少なく、初等・中等学校ともに全体の5～6％の数しかない。多くの学校が民設民営だが、政府から児童・生徒の人数当たりの学校運営費が支出されるため、授業料を徴収しない「公立扱い校」（原語：資助學校、Aided Schools。以下「助成校」とする）と呼ばれ、全体の約8割強を占める。このほか、私立学校や国際教育課程を提供する国際学校が存

在する。

　助成校は、キリスト教（カトリック・プロテスタント双方）や仏教などの宗教団体、慈善団体、教育機構など様々な組織や基金による設立であり、グループ運営をするところもあれば、一校のみの独立運営の学校もある。数少ない官立校の教員は公務員だが、助成校の教員は学校が独自に採用するため、公務員ではない。また官立校は、宗教的に中立だが、宗教系組織が運営する学校は、公営（助成校）であっても宗教科目を提供することができる。このように設立・運営母体により様々な「公立校」が存在するのが香港である。さらに政府は「学校の独自色を出す教育」（原語:校本課程、School Based management）を推奨（野澤 2017）しており、教育局指定のカリキュラム枠（後述）内で、各学校が独自色を出した学校運営を行っている。また、教授言語は、初等学校では大多数の香港人の母語である広東語が教授言語であるが、公立の初等学校の中にも英語が主な教授言語であるところが若干存在する。

　中等学校は、返還翌年の1998年9月より、母語教育法の導入により、約2/3の学校で中国語（広東語）が教授言語（Chinese as Medium of Instruction: CMI校）に指定され、残りの約1/3は英語が教授言語の学校（English as Medium of Instruction: EMI校）になり、テキストも英語版と中国語版の二種類が出版されるようになった。それまでは、中等学校のテキストは英語版しかなく、授業は英語もしくは広東語との併用で行われていた。CMI校、EMI校どちらであっても、英語と中国語は必修科目であり、語学はそれぞれ教科目となっている言語での教授になる。母語教育法が導入された当時は、EMI校は中国関連の教科以外は全て

英語で授業し校内での普段の会話も英語で、CMI校は英語以外の教科は全て中国語（広東語）での授業が徹底されていたが、その後何度か見直しを経て、2020年現在は教科やクラスによって英語による教授が認められ、CMI校、EMI校のラベリングも廃止されている。

　日本の国語に相当する中国語は、主に語法などを扱う「語文」と文学の「中文」（ともに広東語での授業）に加えて、中国本土の標準語である「普通話」の教科があり、返還後に初等1年生から前期中等教育課程で開講されている。「普通話」のテキストは、当然ながら外国語としての中国語（普通話）とは全く異なり、広東語（繁体字）と普通話（簡体字）の文字、語彙や文法、表現の違いを系統立てて学習する構成になっている。

第2節　外国語教育と教育課程

　前述したように、多くの香港人にとっての母語、すなわち生活言語は広東語である。したがって国語に該当する中国語は「広東語」を意味し、初等教育修了までは通常、語学以外の教科は広東語が学校での教授言語になる。長いこと英国統治にあったため、返還前より初等1年生から英語が教科になっていたが、中国返還翌年より「中国語（普通話）」も教科として教育課程に加えられた。大多数の香港人にとって英語と中国本土の中国語（普通話）はどちらも母語でも外国語でもない。香港政府は1998年の母語政策導入時から「両文三語（Bilateral Trilingual）」（中・英2つの書き言葉に通じ、標準中国語、広東語、英語の3つの話し言葉ができる）を香港の言語政策として掲げている。つまり、英語と中国語

図 2. 香港の教育課程（2017 年～）

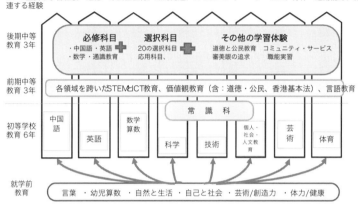

香港の教育課程：学び方を学ぶ
＊学術・職能訓練ともに生徒のニーズに合わせた多様性、
専門性を展開するバランスの取れた教育課程、多様な道程・将来設計

5つの重要な学習経験：道徳・市民性教育、知的発達、コミュニティー・サービス、身体・運動能力、職業に関連する経験

注：香港教育局（2017）の教育課程図を簡略化

出所：香港教育局（2017）をもとに筆者作成

（普通話と広東語）が香港の正式な言語となった。歴史的にみると、英国統治下で長期にわたり英語のみが公用語であり、優位言語であった。中国語（広東語）が公用語に加わったのは1974年であり、英中（広東語）両言語を同等の扱いにする「二言語条例」が発布されるには1989年まで待たなくてはならなかった（大和2002、原2015）。高等教育は伝統的に英語が教授言語である。大学によっては縛りが緩やかになったが、高等教育では英語が優位言語であることに変わりない。加えて近年、政治的・経済的にも標準中国語（普通話）の重要性が高くなった。以上の事情により、香港では「外国語」という教科は存在しない。代わりに上述した三言語以外の言語を「その他の言語（other languages）」とし、中等教育修了試験の選択科目として日本語、フランス語、ドイツ語、ス

ペイン語、ウルドゥー語、ヒンズー語の6言語から履修することができる[1]。

　6年間の無償中等教育[2]修了が実施されている現在、教育課程は就学前教育段階から中等教育段階までの計15年間を俯瞰した構成になっている。それぞれの段階で教育内容の柱が立てられ、初等学校以降では教科目はあるものの、教科横断的に扱われる内容も加わり、図式化されている（図2）。

　香港の言語教育は幼稚園教育課程から始まり、導入方法や時間配分は園により幅がみられるが、毎日英語、中国語（広東語・普通話の両方）の学習時間を確保する園が多い。

　初等教育段階からは8つの主要学習領域として「中国語」「英語」「算数・数学」「科学」「（ICT）技術」「個人・社会・人文教育」「芸術」「体育」が設けられている。この主要学習領域の内、「科学」、「（ICTを含む）技術」、「個人・社会・人文教育」を横断的に履修する科目として「常識科」がある。中等学校では8つの主要学習領域全てを横断的にカバーしながら、STEM（科学・技術・工学・数学）教育とICT教育、価値教育（道徳、公民教育を含む）、言語教育を実践する。初等教育の「常識科（General Studies）」は、中等教育から教科名が「通識教育（Liberal Studies）」になり、自立した学習と批判的思考を培うことを目標にしている。各教科は標準時間数枠が定められており（大和 2015）、各学校はその枠内で教育課程を編成する。中等教育段階の全ての学校が6年間の一貫校となった現在は、前期中等教育段階から後期中等教育段階へ進むための公的な選抜試験は廃止されていた。その代替として、6年間の中等教育修了時に中等教育修了証書試験（原語：香港中學文憑考試：Hong Kong Diploma of Second-

71

ary Education、以下「証書試験」とする)を受験することになっている。証書試験は後期中等教育課程と連動しており、学校での履修科目が試験科目になる。就職の際にも証書試験成績証明書の提示が求められる、極めて重要な試験である。

▼▼▼ 第3節　道徳教育

　初等教育では「常識科(General Studies)」の中で「道徳・公民」に相当する内容が扱われる。中等学校からは、「通識教育(Liberal Studies)」の中で道徳、公民、中国及び香港の政治、環境問題等を扱っている。従って「道徳・公民」の独立教科はない。この「道徳・公民」を独立させるべく2012年に教育課程改革案が香港政府から提出されたが、中国及び中国共産党を称賛する文言があったため、教職員や生徒およびその親による「洗脳教育」反対の大規模なデモが起こり、ついには単独科目導入が見送られるに至った。その後中国との関係を巡って、2014年には雨傘運動が、2019年に第二次雨傘運動が起きている。こうした香港政府に反対する抗議活動は、中等学校の通識教育の中で、香港市民の権利として扱われており、教科書でも、2012年の洗脳教育反対デモや2014年の雨傘運動などの写真とともに解説されている。通識教育は教育課程全体の10%以上に当たる270時間が標準学習時間である。6つあるモジュール(そのうち「今日の香港」でデモを扱う)でどのようなテーマを扱うかは教師に委ねられている。評価は最終2学年で自主的研究課題論文を執筆することで、学内評価として証書試験の通識教育科の評価の一部になる。2020年6月30日に「香港国家安全維持法」が施行された。9

月以降の教育現場で「今日の香港」はいったいどのように扱われるのであろうか。

　香港の居住権は国籍とは関係がなく、合法的な居住権を持つ者が「香港人」となり、香港居民証（クレジットカード大のプラスチック製IDカード）が発行される。そして永住権があれば、教育・医療・福祉、選挙権も国籍に関わらず同等に受けられる（倉田・張2015）。香港の公民教育では、「香港人」がいかなるアイデンティティをもっているのかを、中華系か非中華系か、永住権を持つか持たないかで分類・整理して教えている。香港地域内ではこの居民証がパスポートの役割を果たしている。

▼▽▼ 第4節　大学進学試験と成績評価

　後期中等教育は、英国のGCE A-Levels と同等の内容と機能を持っていた香港Aレベル試験に代わって、2012年に導入された「証書試験」を6年間の中等教育修了時に全員が受験[3]することになった。中等学校の教育課程を修めたことを証明する試験だが、同時に大学入学者選抜にも使われるので、大学入学者選抜試験でもある。必修の共通科目は英語、中国語、数学、通識教育の4科目で、生徒はこれに選択科目を2,3科目履修し受験に臨む。選択科目は必修4科目を含むアカデミックな「カテゴリーA」、実用科目の「応用カテゴリーB」、その他の言語の「カテゴリーC」に分類される。進学希望者が多い学校は、選択科目はカテゴリーAに分類される教科のみを提供する。英語と中国語は外国語としての言語ではなく、ともに母語レベルの言語運用能力が測定され、筆記（多くが論述問題）、聴解問題、そしてグループディス

カッション形式を用いた口頭表現能力をも試験される。筆記試験は午前と午後にそれぞれ90分〜2時間程度実施され、別途設定された日時にスピーキング（グループ討論）の試験が行われるという、語学だけでも大掛かりな試験である。そのため、試験の開始から全ての科目の試験が終わるまでに3か月ほどかかる。一発勝負であることには変わりないが、各教科の試験が長期間にわたって分散実施されるのが特徴であり、後期中等教育の最終学年は試験対策講座に始まり、後半は試験そのものに費やされることになる。証書試験の成績証明書は、図3のようになる。

　必修科目の中国語と英語は総合評価だけでなく、4技能に細分化された評価も示される。英語、中国語、通識教育とカテゴリーA科目の多くは校内評価の分も10％程度（教科により配分が若干異なる）加味されている。また、通識教育では論文執筆が全生徒に課されており、中国語・英語どちらの言語で執筆してもよいことになっている（論文の成績は通識教育の校内評価分）。成績証明書はバイリンガル表記であるため、それぞれの教科を中・英どちらの言語で受験したのかわからないようになっているが、英語を主な教授言語とする学校であっても通識教育は中国語で授業をする（従って論文執筆も中国語）学校が多いようだ。

　香港の高等教育は公立大学から発展しており、2020年現在公立大学8校、職業訓練系も含めた高等教育機関は15校あるが、大学進学を希望する香港人生徒の多くは、授業料補助がある公立大学への入学が目標となる。大学入学者選抜は、英国入試機構（Universities and Colleges Admissions Services: UCAS）をモデルにした香港大学振り分けシステム（Joint University Programmes Admission System: JUPAS）が公立大

学への振り分けを行う。大学入学申請の最低基準は必修科目の英・中・数・通識の4科目がそれぞれ5段階評価の3・3・2・2以上であるが、最低基準では、公立大学への入学はまず叶わない。近年は英国を筆頭に中国大陸、台湾、日本を含むその他の海外への

図3. 証書試験の成績証明書（サンプル）

出所：2015年の香港考査及評核局訪問時に筆者が入手した

留学者も増えている。

 ## 第5節　日本語学習環境と日本への留学

　前出の証書試験のカテゴリーＣから、日本語を受験科目に選択することができる。既に必修科目の中に英語と中国語の2つの言語があるため、カテゴリーＣの科目を選択する生徒は極めて少数派（2019年受験申請者総数4万7千526名中416名）（HKEAA, 2019）であるが、その中でも日本語選択者は大多数の317名を占める。成績も他の言語に比較して良好であり、過半数が最高成績の[a]を獲得している。証書試験は学校単位で受験申請をしなければならず、中には日本語の試験を受けるに十分な能力があっても、学校で日本語を選択科目に設定していないため受験しない生徒もいる。実際の日本語学習者は証書試験の日本語受験者数より多いと想定される。

　日本語は語学教室などでも学習できるが、日本のテレビ番組や、DVDなどを鑑賞しながら独学したという日本語上級者の学生に出会うことがある。香港人の対日感情は、中国本土が反日デモを行っていた期間中も概ね良好だった。日本留学経験者から成る「香港留日學友會 (JUAS)」（1974年設立）は、2018年に日港の相互理解を促進した功績を讃えられ、日本政府から外務大臣賞を受賞している。香港の公立大学の公費補助付き入学者数はJPASにより該当人口の約2割に制限されており、2019年は1万5千人だった。香港の公立大学入学のオファーがあったにもかかわらず、辞退して日本留学の道を選択した学生も含まれていた。

▼ おわりに

　「地方自治体以上国家未満」の位置づけの香港の現行の自由主義体制は2047年までの時限付きである。その中で次々と教育改革を推し進め、独自色を強く打ち出している。以前に比べ英語力が落ちたといわれているが、小中学生に英語ないし普通話で声をかけるとどちらでもきちんと返事が返ってくる。政治家の記者会見では、広東語、英語、標準中国語での質疑が認められており、質問者の使用言語に合わせて3つの言語で自由かつ自然に応答している。雨傘運動の若いリーダーの一人は日本語も使えることから、日本の報道機関からのインタビューに答えることが多い。その日本語は理路整然として淀みがない。2020年現在の中高生や大学生は香港が中国に返還されてから生まれた世代であり、英国統治下の香港を体験していない。その多くが自分たちを中国人ではなく「香港人」だと認識している。彼らが指導的立場になる頃に中国への完全復帰の時が来る。今後香港がどのような展開をみせるのか、世界は注視している。

【注】
1）：「その他の言語」だけ、香港考試及評核局作成の試験ではなく、英国のケンブリッジ大学試験局作成の AS レベル試験を用いる。
2）：公立学校（官立校と助成校）においてのみ無償。
3）：2012 年の導入時は原則全員受験になっていたが、実際には必ずしも受験すべきものではなく、生徒の適性により、職能訓練コースを組む学校も若干ながら存在する。なお、証書試験の「カテゴリー B」は筆記試験がない実技コースであり、実習の出席と参加態度で 3 段階の評価となる。必修 4 科目全てが 2 以上で中等教育修了認定となる。

【引用・参考文献】
1. 倉田徹・張彧啓『香港：中国と向き合う自由都市』岩波新書、2015 年。
2. 野澤有希「香港のカリキュラム改革に置ける校本課程開発に関する研究—「常識科」の内容を手掛かりとして」『上越教育大学研究紀要』36(2)、2017 年、pp.369 〜 378。
3. 原隆幸「香港とマカオにおける言語教育」杉野・原編著『差別・偏見と向き合う世界の言語的マイノリティ：言語と格差』明石書店、2015 年、p.211 〜 231。
4. 大和洋子「香港：英語運用能力の個人差が非常に大きい国」本名信行編著『【事典】アジアの最新英語情報』大修館書店、2002 年、pp.228 〜 242。
5. 大和洋子「香港の大学入学資格統一試験改革：新試験（2012）が目指す人材育成」、『国立教育政策研究所紀要』第 143 集、国立教育政策研究所、2014 年、pp.117 〜 133。
6. 大和洋子「香港のコンテクストから見るグローバル人材育成」『東亜』No.576、2015 年 6 月号、霞山会、2015 年、pp.98 〜 106。
7. Education Bureau, Hong Kong Special Administrative Region Government（香港特別行政區政府教育局）the Curriculum Development Council, Secondary Education Curriculum Guide Draft (May 2017) Booklet2, Learning Goals, School Curriculum Framework and Planning,2017.
8. 香港教育局統計サイト（Hong Kong Education Bureau）http://www.edb.gov.hk/en/about-edb/publications-stat/figures/sec.html（2019 年 12 月 25 日閲覧）。

9. 香港考試及表核局（HKEAA）HKDSE 2019 results
   http://www.hkeaa.edu.hk/en/hkdse/（2019 年 12 月 25 日閲覧）。
10.香港特別行政區政府統計處『2018 年按區議會分區劃分的陸地面積，年中人
   口及人口密度』、2019 年。

5 モンゴル

国際基準を目指すモンゴル教育

小学校2年生モンゴル語授業風景（同校教員提供）

課題に取り組む小学生（同校教員提供）

▼▼▼ はじめに

　現在のモンゴル国の成立は、1900年代初期にまで遡る。1910年代から1920年代にソビエト連邦（当時）の支援の下、中国の清朝（当時）から独立し、1924年に社会主義体制のモンゴル人民共和国を建国した。社会主義国として成立したが、1990年代のソビエト連邦（当時）のペレストロイカの影響を受け、モンゴル国内においても自由化を目指した改革が行われ、1992年に正式にモンゴル国憲法を発布した後、国名をモンゴル人民共和国からモンゴル国へと改め、民主主義体制の国家となった（Lkhagva 2013）。現在のモンゴルは、156万4,100平方キロメートルの面積を有しており、日本の約4倍の国土である。人口数は323万8,479人であり、総人口の63.77%が35歳までの若者である（モンゴル統計局 2018）。

▼▼▼ 第1節　学校教育制度の概要

（1）教育制度

　モンゴルは、社会主義体制から民主主義体制へと移行に伴い、教育制度も変更が行われている。現行の教育制度は、2006年12月の国会において改正された「教育法」を基にしており、2008年から12年制の学制が実施された。2008年9月より6歳児の小学校入学が始まり、小学校6年、中学校3年から成る12年制の6・3・3制が導入された。モンゴルの学校体系は制度上、小学校、中学校それぞれの校種に別れているが、小学校・中学校を合わ

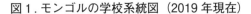

図1. モンゴルの学校系統図（2019年現在）

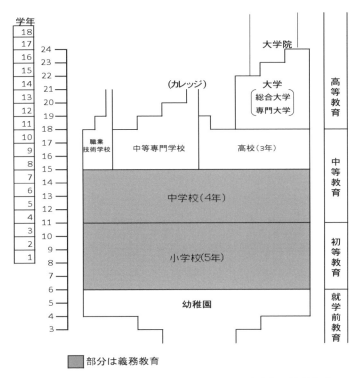

■部分は義務教育

出所：https://www.legalinfo.mn/law/details/72- をもとに筆者作成

せた12年の一貫教育が実施されている。2012年5月9日の「教育法」改正により、小学校5年制、中学校4年制、高等学校3年制へと変更し、小学校、中学校の9年間を義務教育とする5・4・3制となった。

　高等教育は、4年制の大学が設置されており、大学卒業後に進学可能な、大学院修士課程は1.5〜2年間、博士課程が3年間となっている。

　就学前教育として、幼稚園がある。幼稚園は2歳から入園する

表 1. 小学校教育課程表

No.	科目	1年生	2年生	3年生	4年生	5年生	全時間
1	準備カリキュラム	60					60
2	モンゴル語	192	224	224	224	224	1088
3	公民道徳教育	64	64	64	64	64	320
4	数学	112	160	160	160	160	752
5	人間と環境	64	64	64			192
6	人間と自然				64	64	128
7	人間と社会				32	64	96
8	図画と技術	58	64	64	64	64	314
9	音楽	58	64	64	64	32	282
10	体育	58	64	64	64	64	314
11	健康				32	32	64
12	英語					96	96
	全	666	704	704	768	864	3706
	教員調整時間	64	34	34	34	33	199
	年間全必須時間						3905
	一週間全時間	20.8	22	22	24	27	
	一日時間	4.2	4.4	4.4	4.8	5.4	

出所：モンゴル教育文化科学スポーツ省（2019）「初等中等教育スタンダード」をもとに筆者作成

ことができ、年少（2歳）、年中（3歳）、年長（4歳）、就学準備（5歳）から構成されている。

　このようなモンゴルの学校では、義務教育である小学校、中学校は授業料が無償となっており、学用品は私費負担となる。また、学期は4学期制をとっており、9月から新年度が始まる。

（2）教育課程

　初等・中等教育の学校では、基本的にモンゴル語で授業が行われるが、少数民族学校であるカザフ人の子どもが通う学校のみではカザフ語での教授が認められている。表1は、小学校の必須科目と授業時数を示した教育課程表である。小学校の1時限あたりの、授業時間は1・2年は35分、3・4・5年は40分となっている。

表2. 中学校教育課程表

No.	科目		6年生	7年生	8年生	9年生	全時間
1	モンゴルと文字	モンゴル語	99	66	66	66	297
		伝統文字	66	66	66	66	264
		文学	66	66	66	66	264
2	数学		165	132	132	132	561
3	情報技術		33	33	33	33	132
4	自然科学	物理	33	66	66	66	231
		生物	33	66	66	66	231
		化学	33	66	66	66	231
5	文系	公民道徳教育	66	66	66	66	264
		地理		33	33	33	99
		歴史	33	66	66	66	231
		社会		33	33	33	99
6	芸術	図形	33	33	33		99
		音楽	33	33	33	33	132
7	デザイン技術	デザイン技術	66	66	66	66	264
8	体育、健康	体育	66	66	66	66	264
		健康	33	33	33	33	132
9	外国語	英語	99	99	99	99	396
		ロシア語		66	66	66	198
全			957	1155	1155	1155	4422
教員調整時間				268			
年間全時間				4690			
一週間全時間			29	35	35	35	
一日時間			5.8	7	7	7	

出所：モンゴル教育文化科学スポーツ省（2019）「初等中等教育スタンダード」をもとに筆者作成

1年生の「準備カリキュラム」は学校生活に慣れるまでの準備期間として、入学後の新学期の冒頭で学ぶ科目である。「教員調整時間」は、補習時間として活用したり、保護者に「公民道徳教育」にかかわる科目で相談やアドバイスをしたりする時間として設けられている。

表2ならびに表3は、中学校と高校の教育課程表である。

表 3. 高校教育課程表

No.	科目	10 年生	11 年生	12 年生	全時間
1	モンゴル語	33	33	33	99
2	伝統文字	66	66	66	198
3	文学	33	33	33	99
4	公民道徳教育	66	66	66	198
5	数学	99	99	99	297
6	情報技術	33	33	33	99
7	物理	66	66		132
8	生物学	66	66		132
9	科学	66	66		132
10	モンゴル歴史	33	33		
11	地理	66	66		
12	社会	66	66		
13	英語・ロシア語	99	99	99	66
14	体育	66	66	66	132
15	健康	33	33	33	132
16	デザイン、図工、技術	66	66	66	198
全		957	957	594	2508
選択科目					
言語	モンゴル語、文字				
	文学				
	英語				
	ロシア語				
数学	数学				
自然科学	生物	198	231	594	1023
	物理				
	科学				
社会学	歴史				
	社会				
	地理				
	ビジネス				
デザイン、技術	デザイン、図工				
	科学技術				
	情報技術				
教員調整時間					144
必須や選択科目全時間		1155	1188	1188	3531
年間全時間					3675
一週間全時間		35	36	36	
一日全時間		7	7	7	

出所： モンゴル教育文化科学スポーツ省（2019）「初等中等教育スタンダード」
をもとに筆者作成

表 4. 学級進学試験科目

	学年	試験数	試験類
小学校	3 年生	1	総合内容（三年カリキュラム）
	4 年年生	2	−学校選択 1 科目、
			−総合内容（選択科目外）
中学校	6 年生	3	−モンゴル語、文字、文学（総合内容）
			−数学
			−学校選択 1 科目
	7 年生	3	−モンゴル語、文字、文学（総合内容）
			−数学
			−学校選択 1 科目
	8 年生	3	−モンゴル語、文字、文学（総合内容）
			−数学
			−生徒選択 1 科目
高校	10 年生	3	−モンゴル語、文字、文学（総合内容）、
			−数学
			−生徒選択 1 科目（化学、生物学、物理、地理、社会、歴史、英語、ロシア語らの科目から一つ）
	11 年生	3	−モンゴル語、文字、文学（総合内容）
			−数学
			−生徒選択 1 科目（化学、生物学、物理、地理、社会、歴史、英語、ロシア語らの科目から一つ）

出所：　教育文化科学スポーツ大臣の 2018 年 6 月 29 日第 A425 規定をもとに
筆者作成

表 5. 学級進学国家試験科目

	学年	試験数	試験科目
小学校	5 年生	3	−モンゴル語
			−数学
			−人間と自然
中学校	9 年生	4	−モンゴル語、文字、文学（総合内容）
			−数学
			−生徒選択科目（自然科学総合科目、社会−歴史総合科目）
			−外国語（英語ロシア語どちらか一つ選択）
高校	12 年生	4	−モンゴル語、文字、文学（総合内容）
			−数学
			−生徒選択 1 科目（化学、生物学、物理、地理、社会、歴史）
			−外国語（英語ロシア語どちらか一つ選択）
教育文化科学スポーツ大臣の 2018 年 6 月 29 日第 A425 規定を基に筆者作成			

出所：　教育文化科学スポーツ大臣の 2018 年 6 月 29 日第 A425 規定をもとに
筆者作成

表 6. 必須外国語科目

	学年	科目	時間
小学校	5 年生	英語（必須）	96
中学校	6 年生	英語（必須）	99
	7 年生	英語（必須）	99
		ロシア語（必須）	66
	8 年生	英語（必須）	99
		ロシア語（必須）	66
	9 年生	英語（必須）	99
		ロシア語（必須）	66
高校	10 年生	英語とロシア語（どちらか一つ選択）	99
	11 年生	英語とロシア語（どちらか一つ選択）	99
	12 年生	英語とロシア語（どちらか一つ選択）	99
	全時間		987

出所： モンゴル教育文化科学スポーツ省（2019）「初等中等教育スタンダード」
をもとに筆者作成

　高校の1時限当たりの授業時間は40分となっているが、教員
数や学校の場所等の事情により、1時限の時間数を80分で実施
される場合がある。高等学校では、外国語としてロシア語または
英語のいずれかを選択することができる。選択科目では、各学年
混成のクラスを編成することが可能となっている。

（3）試験

　モンゴルの学校教育は課程主義の考え方をもとにして、試験に
よる進級制度が採られている。各校種の学年進級は、年度末の
試験の結果によって判定される。年度末試験は国家試験（小学
校から中学校へ、中学校から高校へ）、進学試験（例えば小学校2年
生から小学生3年生へ、中学校6年生から中学校7年生等）と2種類
になる。

　各教育段階における進級、進学に伴う試験は、表4と表5のと

おりである。

　小学校卒業時証明書は発行されないが中学校を卒業の時、前期中等教育卒業証明書、高校の場合は高校卒業証明書が発行される。

▼ 第2節　初等・中等教育における外国語教育

　小学校では、2007年度より4年生から第一必修外国語として英語が追加されたが、2019年度からは小学校5年生から英語が必須科目となっている。教育文化科学スポーツ大臣の2019年8月1日第A491規定によると、小・中・高校における外国語教育は表6のとおりである。

　モンゴルでは、小学校の5年生から必須科目として英語を学ばなければならないが、7年生からは英語に加えてロシア語も学ばなければならない。中学校3年間はロシア語を必須とし、ロシア語と同様に英語も履修しなければならないが、高校では英語またはロシア語を選択することとなっている。

　必須外国語は表6のようになっているが、ロシア語および英語以外を外国語必須科目とする場合、首都または県の教育所の許可を得た上で学校のカリキュラムとすることができる。また、選択科目または選択必修の外国語として、日本語、中国語、韓国語、ロシア語、フランス語、ドイツ語を設置することができる（モンゴル教育文化科学省大臣2002年第333規定）。

▼▼▼ 第3節　道徳教育

　近年モンゴルでは教育課程の改訂が度々行われており、道徳教育も改訂を重ねている。2005年の教育スタンダードでは、教科外活動の一環として「公民教育」(1-11学年)が新設されたが、2014年の改訂においても同科目は引き継がれた。「公民教育」の目的は、「児童生徒が性格的に正しく発達し人格的に正しく育つための意欲を育て、民族の習慣、伝統を尊敬し、将来に希望を持ち、道徳性、性格的に正しい人間を育てる」ことである(Bayasgalan 2016)。

　現行の教育課程は、2019年8月1日第491規定によるものであり、小学校1年生から12年生において「公民道徳教育」が新設されている。1年生から5年生までは、毎年64時間、5年間で計320時間、6年生から9年生までは卒業するまでは毎年66時間、3年間で計264時間の教授を必須としている。10年生から12年生までは、毎年66時間、3年間で計198時間の教授が必須となっている。

　「公民道徳教育」を通して、文化を尊重し、自己を知り、礼儀正しく生活する、対人間関係を構築できる、自然や地球を大切にし、保護でき、社会に責任を持って参加する人間、公民を育てることが目的となっている(モンゴル文化科学スポーツ省 2019)。

第4節　大学・大学院の入学者選抜と成績評価

　前述のように、高校卒業にあたっては、国家試験受験し、修了証明書を取得した後、大学受験が可能となっている。高校卒業の修了証明書は、写真1のとおりである。

　成績証明書は、90-100％はレベルⅧ、80-89％はレベルⅦ、70-79％はレベルⅥ、60-69％はレベルⅤ、50-59％はレベルⅣ、40-49％はレベルⅢ、30-39％はレベルⅡ、0-29％はレベルⅠをとなっている（モンゴル教育文化科学スポーツ大臣2018年6月29日第A/425規定）。このように高等学校を修了した後、大学進学に際しては、2006年度より導入された大学入試一般試験制度を受験することとなる。

　2019年度現在、大学入試試験受験者は、モンゴル政府規定第37によりモンゴル語の試験を受けなければならない。このモンゴル語の試験は年に2回行われる。一回目の試験で合格出来なかった場合に第2回の試験を受けることができる。受験生はモンゴル語の試験に合格した場合自分の選択した科目で受験をする。受験の科目はモンゴル語、英語、ロシア語、数学、物理、化学、生物、モンゴル史、社会となっており受験生は自分の希望に合わせ二つ以上の科目で受験するのは可能である。

　大学入試一般試験の科目ごとの満点は800点である。モンゴル教育文化科学大臣2018年4月6日第A195規定により、受験した科目ごとで最低480点取らなければ大学に入学することが出来なくなった。しかし400点取った場合地方にある大学や専門学校に入学することができる。この規定を受けて大学ごとで入学最低

写真 1. 卒業証明書の実際の写真

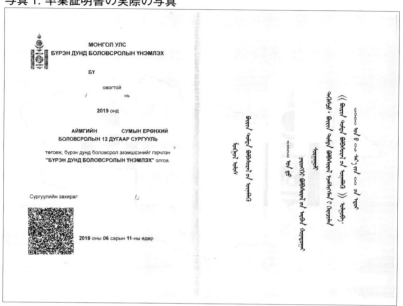

写真 2. 中等教育卒業証明書付録

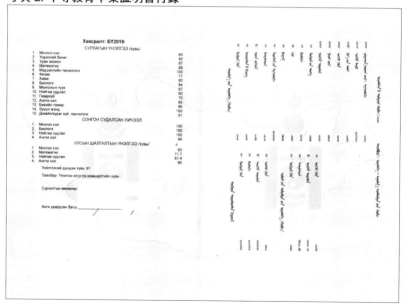

図2. 証明書（筆者訳）

```
                        モンゴル国
                      中等教育証明書

        登録番号：
        氏名：

            2019 年

    ○○○県○○ソムの中等教育学校第 12 学校

    卒業し中等教育を取得したことを証明し「中等教育
  証明」を交付する。

  校長（印）サイン

                                2019 年 6 月 11 日
```

図3. 付録（筆者訳）

付録：登録番号。。。。。。。。。

	学績表（パーセント）			選択科目	
1	モンゴル語	95	1	モンゴル語	
2	伝統文字	90	2	生物	100
3	文学	97	3	社会	100
4	数学	88	4	英語	89
5	情報技術	100		国家試験成績（パーセント）	
6	物理	77	1	モンゴル語	
7	化学	80	2	数学	71.7
8	生物	94	3	社会	91.4
9	モンゴル歴史	87	4	英語	90
10	社会	90			
11	地理	70		成績平均パーセント：91	
12	英語	95		説明：成績は内容取得パーセント	
13	体育	90		教頭（サインと印）名前	
14	健康	100		クラス担任（サイン）名前	
15	デザイン、図工、技術	91			

点数をそのままにするかあるいは大学の特徴に合わせてあげることになっている。

このような大学入試一般試験は教育文化科学スポーツ省の付属機関である教育評価センターが主体となって、年1回、全国一斉に実施される。試験結果は学校に通知が届くが、教育評価センターのホームページでからも確認することができる。試験の結果を受けて、希望する大学の最低点を満たした場合、ウランバートル市では直接その大学へ書類（中等教育証明書、生徒性格ノート（学校生活の状況、点数、個人の特徴や性格を記入したノート等）と試験結果を提出する。入学基準は、提出書類と試験の点数をもとに点数が高い順に合格となる。

▼▼▼ 第5節　日本語教育

モンゴルにおける日本語教育は、1975年、モンゴル国立大学文学部に副専攻として日本語コースが開設されたことを嚆矢とする。さらに、1990年には第23学校（10年制学校。モンゴルでは公立学校は順番の数字で名前付けられるのが一般）で、初等・中等教育レベルとしては初の日本語教育が開始されたことを契機として、外国語教育を主とする私立大学が設立され、多くの大学で日本語学科が開設された（国際交流基金 2019）。

1990年代の民主化以降は、大学における日本語教育は観光産業への従事や起業を目的とした日本語学習者が大半占めていたが、近年は他分野の主専攻に加えて副専攻として日本語を履修する傾向が強い（モンゴル日本センター 2019）。

2002年6月には、日本政府の無償資金協力により、「モンゴル

日本人材開発センター」(以下、モンゴル日本センター)がモンゴル国立大学に設立され、その後、2012年4月からは同大学の独立採算ユニットとなっている。2005年には、モンゴル教育文化科学省から今後の外国語教育の指針として「外国語教育新スタンダード」が発表された。キーワードは「学習者中心」「実用的」「意味・場面視」「帰納的」「コミュニカティブ」の5つである。

　2008年よりモンゴル日本語教師会の研究会でスタンダード・ワーキンググループが組織され、教育文化科学スポーツ省のスタンダードに沿ったモンゴル版日本語教育スタンダードの研究が始められた。これを受けて、2012年からは国際交流基金の助成を受けて、モンゴル日本語教師会が中心となり、モンゴル日本語教育スタンダード作成ならびにプロジェクトが実施され、初等・中等教育機関向けの教材開発が行われた。モンゴル日本語教育スタンダードに準拠した『にほんごできるモン』と題した教科書の開発が完了し、2001年から日本語能力試験のモンゴル国内での受験が可能となった(国際交流基金 2019)。

　モンゴル日本人材開発センター日本語課が2019年に行った「日本語初中等教育機関調査」、「日本語高等教育機関調査」によると、2019年現在、日本語を教授している教育機関数は表7と表8のとおりである。

　小・中・高において日本語を教授するには、日本語教育に関する教育計画を作成し、首都や県の教育所に申請することが必要である。日本語を教えるに当たっては学校や教員に調整時間を与え、週当たり2〜3時間教えることをできるようにしている(モンゴル教育文化科学省大臣2002年第333規定)。

　上述の教育機関以外では、外国語センターで日本語教育が行

表7. 日本語教育実施校数（初等・中等教育機関）

場所	形式	学校数	生徒数
ウランバートル市	国立	7	1436
	私立	15	3268
地方	国立	5	1577
	私立	3	132
全		30	6413

出所： モンゴル日本人材開発センター日本語課「日本語初中等教育機関調査」をもとに筆者作成

表8. 日本語教育実施校数（高等教育機関）

場所	大学数	生徒数
国立大学	6	1367
私立大学	9	1300
全	15	1667

出所： モンゴル日本人材開発センター日本語課「日本語高等教育機関調査」をもとに筆者作成

われている。2015年以降、技能実習生として日本で働く人が増加していることから、短期間で初歩レベルの日本語を習得するために外国語センターでの学習者も増加している。

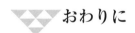 おわりに

　近年モンゴルの学校教育は世界の潮流に合わせた教育改革が進展しており、関連法規の改正や教育課程の改訂が短期間のうちに複数行われている。しかし、慌ただしい教育改革によって教育政策と学校現場の乖離がみられるなど、課題は山積みである。国際潮流に遅れないようにしつつも、モンゴル的な特徴をもった教育を展開すべく取り組んでいる。

【引用・参考文献】

1. LKHAGVA Ariunjargal「現代モンゴル地方教育行政制度に関する研究—1990 年代以降の教育改革関連諸法の分析を中心に—」広島大学大学院教育学研究科学位請求論文、2013 年。

2. BAYASGALAN Oyuntsetseg「モンゴルの道徳教育の動向と課題 - 新学習指導要領における公民教育を中心として -」道徳と教育（334）17、日本道徳教育学会、2016 年、pp.17 〜 28。

3. モンゴル教育文化科学省「初等教育コアスタンダード」-БСШУЯ Суурь боловсролын сургалтын цөм хөтөлбөр、2015 年。

4. モンゴル教育文化科学省「中等教育コアスタンダード」-БСШУЯ Бүрэн дунд боловсролын сургалтын цөм хөтөлбөр、2016 年。

5. モンゴル教育文化科学スポーツ省「初等中等教育スタンダード」-БСШУСЯ Бага, Дунд, Бүрэн дунд боловсролын сургалтын цөм хөтөлбөр、2019 年。

6. モンゴル法規サイト https://www.legalinfo.mn/law/details/9020-（2019 年 12 月 20 日閲覧）。

7. モンゴル教育文化科学スポーツ省 https://mecss.gov.mn/-（2019 年 12 月 20 日閲覧）。

8. 国際交流基金 https://www.jpf.go.jp/j/index.html-（2019 年 12 月 20 日閲覧）。

9. モンゴル日本センター https://www.japan-center.mn/（2019 年 12 月 20 日閲覧）。

10. National statistics office of Mongolia https://www.1212.mn/stat.aspx?LIST_ID=976_L03（2019 年 12 月 20 日閲覧）。

6 オーストラリア

子ども達の多様な背景と向き合う学校

小学校の教室では、オーストラリアはもちろん、様々な国の文化が紹介される（筆者撮影）

一人一台のタブレットやノートPCも日常の風景（筆者撮影）

▼▼▼ はじめに

　南半球に位置し、日本とは季節が逆のオーストラリアは、留学先として人気のある国の一つである。大学のキャンパスを歩くと、都市部では特に学生が英語以外の言語で話すのを耳にする機会も少なくない。各大学における留学生数の割合は、平均でも20%以上であり、いまや「国際教育（international education）」は、同国の一大産業として定着しつつある。

　最近の国勢調査（2016年）によれば、総人口は約2,340万人で、増加傾向にある。このうち「オーストラリア生まれ」の割合は約68%で、過去5年以内にオーストラリアで生活を始めた人の割合も18%に上る。白豪主義政策をしいてきた歴史的背景と英連邦諸国の一員であるとの政治的理由から、かつて同国の移民の大半はヨーロッパ出身者であったが、近年は、中国やインドをはじめとするアジア地域出身者が存在感を増している。

　移民とともに多文化国家オーストラリアを支える先住民人口は、アボリジナルおよびトレス海峡島嶼民あわせて、総人口の約2%である。そのうち約6割はニューサウスウェールズ州とクイーンズランド州に居住しているが、各州の総人口に占める先住民の割合では、北部準州が最も高い。

　オーストラリアは連邦制を採用しており、憲法規定に基づき、教育に関する事項はすべて、6州2直轄区で構成される各州政府の責任とされている。しかし、1980年代後半に、連邦および各州教育大臣の合意により国家教育指針が策定されて以降、国家としての枠組みや統一性が強調・強化されてきた。特に1990年代

図1. オーストラリアの学校系統図

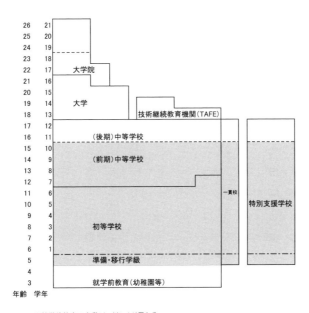

※就学前教育の名称は、州により異なる。
※網掛けは義務教育。

出所： 青木麻衣子・佐藤博志編著『第三版 オーストラリア・ニュージーランドの
教育－グローバル社会を生き抜く力の育成に向けて』東信堂、2020年、
p.xiii

後半以後の全国的な学力調査の推進は、国家レベルで比較可
能な教育成果の把握と公正な評価の実施を目的に、教育基準
の統一化をもたらすと同時に、教育制度・内容の統一化を進めて
いる。

第1節　学校教育制度の概要

現在、オーストラリアでは、南オーストラリア州を除く各州で、初
等学校（primary school）は1〜6年生まで、それに続く中等学校

（secondary school）は7～12年生までとされている。義務教育は、ほとんどの州で6歳からだが、幼児教育の重要性に対する認識の高まりを背景に、4歳半から5歳半までに、幼稚園（kindergarten）やファウンデーション（foundation）と呼ばれる就学前教育への参加が奨励されており、一般的になりつつある。義務教育の修了年齢は、すべての州で10年生の終わりまでと定められ、かつ17歳になるまでは正規の教育・訓練課程もしくは労働に従事することが求められている。初等・中等学校のうち約7割は、各州政府が運営する州立学校で、残りの3割が、いわゆる私立学校である。私立学校には、カトリック系とそれ以外の独立学校（independent school）が含まれる。

　全国に43ある大学は5校を除き、すべて国・州立大学である。大学とは別に、より高度な技術を学ぶための技術継続教育機関（Technical and Further Education：TAFE）も用意されている。

　これまで各州で異なる教育制度・カリキュラムを運用してきたオーストラリアでは、中等教育修了資格、職業教育訓練資格をはじめ大学等高等教育修了の資格・学位に等価性を持たせるために、オーストラリア資格枠組み（Australian Qualification Framework：AQF）が用いられてきた。AQFは、同国で提供される、もしくは認可される教育・訓練資格および学位の基準を明確化するとともに、それにより教育・訓練提供機関にその質を維持するよう促す役割を担っている。

第2節　初等・中等教育における外国語教育

　オーストラリアでは、1970年代後半に公的に多文化主義が国是とされて以降、英語以外の言語の教育に様々な支援が提供されてきた。1987年に最初の国家言語政策が策定されてから2000年代までは、主として連邦教育省により特定のアジア言語の教育が奨励される等、言語教育環境の整備が進められてきた。現在、国家レベルの政策は存在しないものの、2013年に運用が開始された同国初のナショナル・カリキュラム（Australian Curriculum:AC）において、言語（Languages）が、八つの必須学習領域の一つとされたことから、州により必修学年や期間、学習内容にちがいはあるものの、すべての学校で言語の教育が提供されている。

　州内の多文化・多言語状況を背景に、オーストラリアで最も言語の学習者数が多いビクトリア州では、『言語教育に対するビクトリア州政府のビジョン（The Victorian Government's Vision for Language Education）』（2011年）に基づき教育が推進されている。この声明ではまず、人やモノのグローバルな移動に特徴付けられる21世紀の生活や仕事を考える上で、二つ以上の言語を話す能力が非常に重要であることが確認されている。そして、2025年までの目標として、就学前教育段階から10年生までのすべての子どもが必修科目として言語を学習していることが掲げられた。

　1999年から2010年までの約10年間、同州の言語教育は停滞傾向にあり、1999年には各教育段階ほぼすべての学校で提供さ

れていたプログラムが、2010年には中等教育段階で86.6%、初等教育段階では69.3%にまで減少した。そのため、2013年以後、ACで必修科目として言語教育の提供が始まったとはいえ、就学前教育段階からの必修化という目標設定は、教員確保や教材開発といった環境整備の面からも、意欲的だと言えるだろう。

　ビクトリア州では現在、ACを同州の実情にあわせて開発した「ビクトリアン・カリキュラム（Victorian Curriculum: VC)」に則して、各学校で言語教育が行われている。目標言語の習得を目的に、1週間に150分の学習が奨励されているが、特に就学前教育段階では、各学校で柔軟に対応するよう但し書きが付されている。また、言語の選定にあたっても、保護者やコミュニティの意向や教員・教材の確保等、各学校の置かれた状況に鑑み、各学校で決定することとされている。

　2018年には、89.4%の初等・中等学校が、あわせて24の言語教育プログラムを実施した。近年、最も広く学習されている言語は、中国語（18.8%)であり、それにイタリア語（18.1%)、日本語（17.8%)、インドネシア語（15.1%)、フランス語（11.1%)が続く。また、普段通っている学校では、自身が希望する言語の教育を受けられない児童生徒を対象に、インターネット等を用いて遠隔授業を提供する言語専門学校（Victorian School of Languages)でも、52の言語の教育が、約1万9千人の児童生徒に対し提供されている。さらに、主として当該言語を母語とする子ども達の母語・文化維持を目的に、放課後や週末など学校教育時間外で活動を行うコミュニティ・ランゲージ・スクールでも、40言語が教えられている。

　近年、言語教育でも、CLIL（Content and Language Integrated Learning)に代表されるように、目標言語をより実践的に

身につけさせることを目的に、当該言語を用いて特定領域の内容を学習したり、教科内容を題材に様々な言語活動を行ったりする動きが盛んに見られる。ビクトリア州では古くから日本語をはじめとする特定言語によるイマージョン教育を行う学校が存在するが、ニューサウスウェールズ州やクイーンズランド州でも同様の動きが見られるようになった。また、STEM教育の重視から、科学や工学の内容を言語教育に積極的に取り入れる取り組みも推進されている。

 ## 第3節　道徳教育・徳育

　オーストラリアにおいて、道徳教育・徳育にあたる活動には、価値教育（Values Education）を挙げることができるだろう。先の国家教育指針である「メルボルン宣言」（2008年）では、オーストラリアの若者が、困難な時代に打ち勝つために必要な知識やスキルとともに、誠実さ、忍耐力、他者への共感のような個人の価値や特性を伸ばすことの重要性が強調されている。また、学校ではこれらの諸価値とともに、民主主義や社会的公正およびオーストラリアの市民生活への参加といった国家的諸価値を教えるべきことも確認されている。

　同国において、「価値（Values）」に関わる教育は、価値（values）、道徳教育（moral education）、品格教育（character education）等様々な用語で表現されているが、いずれも個人の福利（personal wellbeing）と社会的包摂（social cohesion）の双方を追求するものだと考えられている。2005年に連邦政府の主導により策定された価値教育に関するナショナル・フレームワークでも、

その定義が、「価値に対する生徒の知識および理解を促進するとともに、それにより児童生徒が、個人および幅広いコミュニティの一員として、特定の価値に基づき行動することができるスキルや態度を発展させるための、明示的・暗示的学校教育活動」と示されている。

　ナショナル・カリキュラムであるACでは、民主的で公正な社会を構築するために学校教育が重きを置くべき価値として、豊かさ、包摂性、文化的多様性が挙げられている。そしてそれらの涵養のため、シティズンシップ教育等の分野で、オーストラリア社会に関する理解を深めると同時に、各学習領域の中に、それらの価値が明示的・意識的に取り込まれるよう、既存の教材の活用を促すなど、具体的な活動のモデルが提案されている。ACではまた、各学習領域と並んで重視されている汎用的能力（general capabilities）と領域・教科横断的優先事項（cross-curriculum priorities）のそれぞれで、異文化理解（intercultural understanding）や倫理的理解（ethical understanding）といった価値に関わる事項や、先住民の歴史・文化等、各学習領域で積極的に取り上げられるべきスキル・内容が、各学習領域のカリキュラムで段階別に提示されており、すべての教育活動を通してそれらの育成が図れるよう、配慮されている。

　シドニーを州都とするニューサウスウェールズ州でも、州の政策で、誠実さ（integrity）、卓越さ（excellence）、他者および自己の尊重（respect）、協働（cooperation）、参加（participation）、個人および所属コミュニティに対する責任（responsibility）、自己および他者に対する気遣い（care）、公正さ（fairness）、オーストラリア国民としての義務を含む民主主義（democracy）の九つが中

心的諸価値（core values）に掲げられ、それらの育成には、学校全体で、すべての教室活動を通して取り組むべきことが確認されている。これらの価値の実践により、児童生徒は十全に、かつ規律を持って学習に望むことが可能となり、学習経験が高まり、学校コミュニティ全体の意志決定に影響を与えると考えられている。

第4節　大学の入学者選抜と成績評価

　オーストラリアでは先述のとおり、義務教育は10年生の終わりまでと定められている。近年、その数値は改善されてきてはいるものの、日本の高校3年生にあたる12年生を修了する者の割合は、未だ

図2. VCE の様式サンプル

出所： VCAA ウェブサイト（https://www.vcaa.vic.edu.au/assessment/results/Pages/replacement-results.aspx）より抜粋（2019 年 12 月 31 日閲覧）

90%に満たない。

　基本的に、生徒は10年生で自らの進路を決定する。主として、大学をはじめとする高等教育機関に進学するために必要な後期中等教育修了資格の取得を目指すのか、それとも職業教育訓練の道に進むのかを選択する。大学入学は、一般的に「シニア」と呼ばれる11・12年生（後期中等教育段階）での学習を基盤としており、生徒は、希望する学部・学科等が求める科目を履修し、一定程度の成績を修める必要がある。しかし、当初は12年生まで在籍せず、後期中等教育修了資格を取得しなかったとしても、一定の職業・訓練経験や必要とされる科目の履修等、所与の要件を満たすことで、その後大学に入ることも可能である。

　州により教育制度・内容が異なるオーストラリアでは、後期中等教育修了資格で求められる要件や内容に違いがある。州をまたがって進学を希望する生徒はそれほど多くはないとはいえ、州間の資格の等価性を担保するために、後期中等教育修了資格をはじめ、職業教育訓練に関わる資格はすべて、AQFの認証を受けることとされている。また、2020年からは、後期中等教育段階でもナショナル・カリキュラム（AC）の使用が開始されることから、より共通性を持った資格の提供が可能になると言えるであろう。

　ビクトリア州では、後期中等教育修了資格として、ビクトリア州教育資格（Victorian Certificate of Education:VCE）の他に、職業教育訓練の要素が強いビクトリア州実用学習資格（Victorian Certificate of Alternative Learning:VCAL）が用意されている。VCALには、レベル別に三つの資格が設けられているが、上の二つが後期中等教育資格に該当し、その取得には、職業教育訓練（VET training）の履修が求められている。元来、中等

教育修了率の低い同国にとって、多くの若者を学校に留めることを可能にしたVCALは、その向上に貢献した救世主と言えるかもしれないが、「学校」がより多様な生徒を取り込み、これまでより幅広い教育活動を展開するきっかけを創り出したのも事実であろう。

　一方、古くから存在するVCEは、VCE科目（VCE studies）と呼ばれるいわゆるアカデミックな教科の学習と職業教育訓練資格取得のためのプログラムの双方を含んだものである。基本的には2年間で最低16単位（units）の取得が求められる。また、英語や英文学、第二言語としての英語等、英語に関する科目から3単位、さらに12年生で履修する単元3・4の科目を少なくとも3科目履修し、単位を取得しなければならない。学校が授業として提供する各単元は、50時間の学習で構成されるが、生徒は、同じ分量の時間を予習復習に当てることが求められている。

　各単元の評価は、学校とビクトリア州カリキュラム評価機関（Victorian Curriculum and Assessment Authority：VCAA）により行われる。11年生で履修する単元1・2については、学校が主体となって評価を行うため、VCAAに報告の必要はない。一方、続く単元3・4（連続）では、学校による内部評価とともに、外部評価が用いられる。各VCE科目では、三段階で評価が行われるが、その内訳（内部評価2回＋外部評価1回、もしくはその逆等）は、各学習領域により異なる。また、評価は原則、その単元に十全に取り組み成果を残すことができた（Satisfactory completion）かどうかにあり、その結果はSもしくはN（否）で示されるが、単元3・4ではより詳細にそのレベルが11段階で報告される（図2参照）。

　外部評価には、VCAAに任命された委員による評価とともに、一般到達度テスト（General Achievement Test：GAT）等のペー

パーテストが含まれる。GATは、生徒のVCEの結果に直接反映されることはないが、学校やVCAAの委員による評価が妥当なものであるかどうかを判断する材料として用いられており、すべての生徒の参加が奨励されている。

　大学をはじめとする高等教育機関への進学に際しては、VCEを取得している（satisfactory completion）ことが求められるが、VCEのスコアがそのまま、進学のためのスコアとして使われるわけではない。大学等への進学を希望する生徒が、ビクトリア州高等教育入試センター（Victorian Tertiary Admission Centre: VTAC）に、自身の情報を、進学を希望する大学および学部のリストとともに登録すると、VCEの結果が、VTACによって、オーストラリア高等教育入学ランク（Australian Tertiary Admission Rank:ATAR）へと変換され、生徒の進学希望先へと送られる。各学部・学科等は、その結果を一つの指標として、入学者の選抜を行う。

　ATARは、その年の12年生と比べて、当該生徒がどのような位置にあるのかをパーセンテージで示したものである。これにより、各高等教育機関は、VTACの計算に基づき、異なる学習領域の単位を取得した生徒の成績を順位付けすることが可能になる。ATARでは、各大学が求める教科の成績はもちろん、総合点も示される。総合点は、自身が履修した単元3・4のうち、生徒が選んだ最大6科目の成績で計算される。それにより、各学部・学科等は、その生徒の全体的な「学力」も把握することが可能となる。

　ビクトリア州に限らず、オーストラリアの後期中等教育資格および大学入学のための成績提出の仕組み・計算は、非常に複雑である。各学部・学科への入学希望申請やそれに必要とされる成

績の計算はVTACが行うものの、1,700ものコース・プログラムの中から自分に合ったものを見つけ、そのコース・プログラムが要求する科目や成績を、決められた流れで履修するには、十分な下調べと細心の注意が必要である。近年では、様々なアプリの開発も進められ、ほぼすべてがオンラインで完結するとはいえ、進路選択・決定に際して学校や保護者に求められる役割は大きいと言える。

▼▼▼ 第5節　日本語教育・日本語学校

　オーストラリアは、日本語教育・学習が盛んな国である。国際交流基金の調査によれば、日本語学習者数は、中国、インドネシア、韓国に次いで世界で4番目に多く、そのほとんどが初等中等教育段階の児童生徒である。

　先に言及したように、現在、ACの中で「言語」が必須学習領域に掲げられ、すべての州でその教育が推進されているが、日本語はそのなかでも、人気がある言語の一つである。学習者の多くは、第二言語として日本語を学習しているが、かれらの背景は、近年のアジア系移民の増加に伴い、表意文字に対する慣れ・親しみ等含め、多様である。

　また近年、中学・高校からオーストラリアに留学し、そのまま大学等への進学を果たす日本人も少しずつ増えてきているが、かれらは、先にのべた大学進学のためのVCE科目として、第一言語としての日本語（VCE Japanese first language）を履修することができる。一方、日本人を親に持ち、日本語を母語の一つとはするものの、オーストラリアで生まれ、英語を日常的に使用する子ども達にとっては、日本語はもはや第一言語と言うには厳しいケースもある。後

期中等教育資格取得のための言語科目の区分とその対象者について は、州により違いがあるものの、ビクトリア州をはじめ、移民 や留学生が多く集まる州でこのような複数のトラックが設けられて いるのは、ひとえに生徒の母語や背景に起因する不公正を可能 な限り是正・縮小することを目的としている。

　シドニーおよびメルボルンには全日制の日本語学校が、また他 の大都市にも週末に活動を行う日本語補修校が存在する。安全 でかつ教育水準も高い同国では、たとえ滞在期間が短くても、平 日は全日制の現地校に通い、週末に補修校で日本語や算数を学 ぶ子ども達が大半を占めている。また、オーストラリア生まれで、今 後も「オーストラリア人」として生きるであろう、日本につながる子ど も達の日本語学習の目的が多様化しており、例えばメルボルンでは、 第二言語として日本語を学習する母語話者のための学校も設立 される等、学習者の多様化に応じた動きが加速化している。

◥◣◥ おわりに

　多文化・多言語国家であるオーストラリアの学校は、これまで見 てきたように、子ども達の多様な背景と向き合い、その多様性をい かに、子ども自身（個人）はもちろん、国家としての発展に資するも のへと還元できるのかに注力してきた。1990年代後半以降は、 内外の学力調査の影響により、国家としての枠組みが強化され つつあるものの、その中心にある課題は常に、学力向上のために 必要とされる統一的な「基準」の確立とその「公正な」運用のた めの仕組み作りにあったと言える。そしてその背景には、これまで になく変化の激しい時代に必要とされるスキルの育成に学校教

育が応答すべく、国をあげて対応する必要があるとの政府の強い信念があった。ナショナル・カリキュラムの評価について言及するのは時期尚早とは思うが、今後、統一的・画一的な枠組みの確立・運用が、国内の多様性にどのような影響を与えていくのかは、注視していく必要があるだろう。

【引用・参考文献】
1. 青木麻衣子『オーストラリアの言語教育政策―多文化主義における「多様性」と「統一性」の揺らぎと共存』東信堂、2009 年。
2. 青木麻衣子・佐藤博志編著『第三版 オーストラリア・ニュージーランドの教育―グローバル社会を生き抜く力の育成に向けて』東信堂、2020 年。
3. Department of Education, Employment and Workplace Relations (DEEWR), *Values Education and the Australian Curriculum*, 2011.
4. Victorian Government, *The Victorian Government's Vision for Languages Education*, 2011.
5. Australian Curriculum, *Assessment and Reporting Authority (ACARA)*, National Repot on Schooling 2017.
6. Victorian Tertiary Admission Centre (VTAC), *Year 11 and 12 Guide 2019*.
7. Victorian Curriculum and Assessment Authority (VCAA), *VCE and VCAL Administrative Handbook 2019*.

7 ニュージーランド

多様性と公正さを大切にする教育

教育省のフロアーの写真（上段）、ヴィクトリア大学の建物（下段）。いずれも英語とマオリ語の二言語で表記されている（筆者撮影）

▽▽▽ はじめに

　日本の世論がニュージーランドについて、ラグビーのオールブラックス以外で、近年、注目した話題といえば、同国のアンダーン首相が就任直後に六週間のマタニティリーブ（産休）を取得したことだろう。彼女の行動は、同国で起こったイスラム系移民・難民への銃乱射事件に対するコメントや新型コロナウィルス感染予防対策でも脚光を浴びた。

　国勢調査（2018年、カッコ内は2013年）によると、同国の人口構成はヨーロッパ系が70.2%（74.0%）、マオリ系が16.5%（14.9%）、アジア系が15.1%（11.8%）、太平洋諸島系が8.1%（7.4%）である。5年前と比べると、ヨーロッパ系の割合が減少し、特にアジア系の人口が増加していることがわかる。なお、マオリ系・太平洋諸島系の年齢構成の中間値はそれぞれ25.4歳と23.4歳であり、ヨーロッパ系の41.4歳と比べても20歳ほど若い。

　このような社会における多様性やマイノリティへの配慮の必要性は、同国の学校教育において卓越性と同じく、公正性が重視されていることに影響を及ぼしている。そのため、教育政策を策定する際には、様々な背景を持つ多くの教育関係者との協議（conversation）を大切にしてきた。また、子どもたちの学習状況を把握する際、学校を取り巻く社会経済的な環境を測る指標としてディサイル（decile）を活用していることからも、公正性の観点から学校と社会の関係性を重視していることがわかる。

　とはいえ、2018年のPISAの結果は、同国にとって、諸手を挙げて喜べるものではなかった。隣国オーストラリアとともに、ランキ

ングとしては、日本と同等か分野によっては上位にあるが、読解力の結果は継続的に下降傾向とされた。また、国としての平均点だけではなく、上位層の割合が減少し、下位層の割合が増加している。そして、エスニックグループの観点から学力を見ても、ヨーロッパ系・アジア系・マオリ系・太平洋諸島系の順で、PISA の得点が低くなるなどの偏りが生じていることが明らかになっている（Ministry of Education 2019）。

　以上のとおり、卓越性・公正性を推進する教育政策を重視しながらも、現実として社会経済的な背景による学力差への影響が、ニュージーランドの課題の一つとなっている。

▼▼▼ 第1節　学校教育制度の概要

　ニュージーランドの就学前教育は、幼稚園・保育園に加え、プレイセンター・プレイグループなどが設置されている。5歳の誕生日から19歳の誕生日後の1月1日まで教育を無償で受けられることが保証されている。義務教育は6歳から16歳までの11年間であるが、それ以前の5歳の誕生日の翌日から0年生として入学が可能である。そのため、初等学校には入学式はない。生年月日にかかわらず順次入学するのは、同一の日の入学式の開催よりも、個々人の多様な出生状況に配慮した公正な制度ともいえる。義務教育段階の初等・中等学校は、その大部分が公立（state）学校である。

　初等教育は8年生までであり、8年制の初等学校（Full Primary School）、もしくは6年制初等学校（Contributing Primary School）と2年制の中間学校（Intermediate School）に通学する場合がある。8年制の初等学校は主として、都市部以外の地域

図1. ニュージーランドの学校系統図

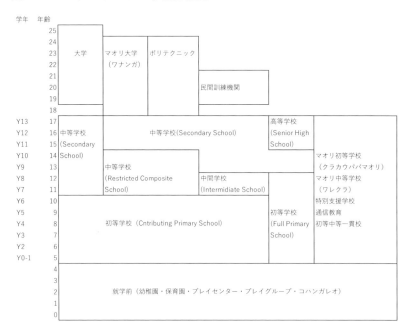

出所： 国際教育機構（地球ひろば）・国際開発センター『グローバ化時代の国際教育のあり方国際比較調査』（最終報告書）、2014年を参照して筆者作成

に見られる。

　中等教育は5年間で、9年生から13年生である。11～13年生は「全国教育修了資格」（National Certificate Educational Achievement、以下NCEAと略記）の対象学年となる。11年生はNCEAのレベル1、12年生はレベル2、13年生はレベル3の取得が望ましいとされている。大学入学にはレベル3の修得が前提条件となる。それぞれの達成率（2018年・2009年（カッコ内）は2009年）をそれぞれの学年と関連づけて比較すると、レベル1が92.3%（86.7%）、レベル2が89.0%（80.5%）、レベル3が66.1%（51.2%）

である。各レベルとも直近10年で達成率が高まっていること、そして、上級レベルほど達成率が低くなり、特にレベル3の達成率は20ポイント以上、レベル2と比べても低いことがわかる（NZQA 2019）。

また、義務教育期間でも、ホームスクーリングで学校教育を修了する生徒も一定程度（0.8%）いる。その約7割が5年以下の継続で、10年以上ホームスクーリングを継続する生徒は3.5%ほどに留まっている（Education Counts 2019）。

高等教育機関を見ると、その多くが国立であり、総合大学は全国に8校設置されている。大学の他に、ポリテクニック（Politecnic）と呼ばれる教育機関もある。大学よりも実践的技術と知識の習得を目的とし、数ヶ月の資格取得コースから、より大学のカリキュラムに近い3年間の学士課程などを通した教育を提供している。

さらに、ワイタンギ条約にもとづき、学校教育においても、マオリの言語や文化を維持発展させる取り組みが求められている。そのため、マオリ語を教授言語とした学校があることも、ニュージーランドの学校制度の特色の一つである。就学前教育機関のコハンガ・レオ（Kohanga Reo）、そして、全国で73校設置されている初等中等学校としてのクラ・カウパパ・マオリ（Kura Kaupapa Maori）がある。さらに高等教育のワナンガ（Wananga）は3校認定されている。つまり、マオリ系の生徒たちは、自らが望むのであれば就学前教育から高等教育までマオリ語で学校教育を修了する教育機会を持っていることとなる。これらの学校の他にも、授業の半数以上の教授言語にマオリ語を使ったイマージョン教育を実施している学校には、2.6%の生徒たちが学んでいる。この大部分が、マオリ系の生徒たちとなっている。

▼▼▼ 第2節　初等・中等教育における外国語教育

　ニュージーランドの1年生から10年生までの授業は「ニュージーランドカリキュラム」（以下、NCと略記）に沿って実施されている。ただし、この全国的なカリキュラムは日本の学習指導要領のように、各学校でその記載内容すべての実施が義務付けられてはいない。このNCの記載内容や方向性を参考として、各学校が独自の裁量によって実施科目などカリキュラムを決定することができる（Ministry of Education, 2015）。また、2011年には「Te Marautanga o Aotearoa」（マオリ語で「ニュージランドのカリキュラム」の意）が公表・実施されている。

　NCで外国語学習に相当する学習領域は、初等・中等学校の7年生から10年生での履修が推奨されている「言語学習（Learning Languages）」である。この学習領域の提供は学校にとっての努力義務であり、必修の学習領域ではない。

　他の学習領域にはレベルが1〜8まで設定されているが、言語学習の場合、二つのレベルが統合され（例:レベル1・2を統合）、他の学習領域の半分の期間、つまり四学年で全レベルが修了できるように工夫されている。これらを参考にしながら、各学校の裁量で言語学習のカリキュラムが構成される。これは、学校コミュニティの意向を反映できる一方で、授業は学校教員の「技量」に影響される現実もある。

　同国では、公用語は英語に加え、マオリ語とニュージーランド手話となっている。主要な教育政策文書などは、英語とマリオ語の二言語で用意されている。また英語のみで用意されている政

策文書においても、キーワードとなる重要な単語や文章はマオリ語と英語での二言語併記となっている。公用語が複数言語定められていることにより、英語が別の学習領域として設定され、「言語学習」には同国の公用語でありながら、マオリ語と手話が加わっている。

　また、太平洋諸国からの移民も増加しており、太平洋諸国の言語（サモア語・トンガ語など）も特別な位置づけにある。そのため、30％以上の学習活動を太平洋諸国の言語で授業を行うイマージョンプログラムを実施している学校は全国で40校設置されており、その中で最も多い使用言語はサモア語である。また、太平洋諸国の言語に関する独立した授業を言語学習として、実践している学校が48校ある。マオリ語を活用している学校数と比べると少ないが、一定の存在感は示しているといえる。

　言語学習は、「コミュニケーション」を中心としながら、「言語知識」「文化知識」がそれを支える三領域で構成されている。つまり、言語・文化的な知識を蓄積すればするほど、より効果的なコミュニケーターとなっていくとの考え方を実践している。

　中等教育で履修されている言語は多い順で、マオリ語・フランス語・スペイン語・日本語となっている。この中でも、同国の公用語であるマオリ語が最も多い。日本語は1990年代までは、外国語でも最も履修者が多い言語であった（Education Counts 2019）。また、英語以外を第一言語としている生徒のサポートとしての言語教育への課題も指摘されている。アジア系・太平洋諸島系移民の3分の2が居住する都市部、特にオークランドの学校では、子どもたちの家庭言語や文化的習慣を活用した学習を意図的に促進している学校はわずか6割弱であることが課題とされている

（ERO 2018）。これらの第一言語への取り組みは長期的には、子どもたちの学力向上に寄与することから、マオリ語や太平洋諸国言語以外の財政面などでのサポートの必要性も求められる。

▼ 第3節　道徳教育

　ニュージーランドで道徳教育に相当する考え方は、NC内で、各学習領域において横断的に重視すべき項目として記載されている「価値（values）」が相当する。これらの価値を、日々の学習活動で教職員側と生徒や保護者を含む学校関係者（コミュニティ）との対話によって、実践していくことが望まれている（Ministry of Education 2015）。

　ここでは、一般的に必要と認識されている八つの価値が提示されている。「卓越さ」「革新・探究・好奇心」「誠実さ」「尊重」「多様性」「公正さ」「コミュニティと参加」「環境的な持続可能性」である。これらは①個人、②社会、③環境の三つの観点に関連づけられた価値として整理できよう。

　生徒たちは、日々の学習経験を経て、以下の段階で価値に関する学びを深めていく。第一段階として、「価値の多様性への理解・尊重」である。具体的には「自らの価値と他者の価値」「道徳的・社会的・文化的・美的・経済的など様々な価値」「ニュージーランドの文化的・制度的伝統の礎となってきた価値」「他のグループや文化の価値」を重視している。ここでは、生徒自らが既に身につけている価値だけではなく、ニュージーランド社会が内包する多様性に加えて、同国が有する伝統的な価値の受容が目指されている。

　第二段階として、価値に伴う「能力（行動）」への指針の探究である。具体的には、「自らの価値の表現」「共感を持って他者の価値を探究」「価値と行動の批判的な分析」そして「価値の違いから生じる意見の相違について話し合い、解決策を交渉する」「倫理的に決断し、それに基づいて行動する」ことへの取り組みである。第一段階の受容を基盤としながら、実際に生徒がどのように考え、探究し、行動に移すのかを意識する過程である。このように自らの価値の表明を基盤とした、多様な価値の受容、そして自らの行動を促すきっかけづくりをカリキュラム全体を通して志向している。ただし、これらの価値や段階に関しても、NCを参考にしながら、各学校がそれぞれの状況に鑑み、独自の「価値」を組み入れた学校カリキュラムや教育を実践していくことが大前提となる。

　また、同様の「価値」については、マオリ語版の全国カリキュラムでも重要視されている。特徴的なのは、英語版のカリキュラムには記載されていない「拡大家族（whanau）、準部族（hapu）、部族（iwi）などマオリコミュニティの生活様式を理解する」「マオリ以外のゲストもサポートする」や「自分が誰であるのか、そして自分の居場所を知る」など、マオリ世界の価値観を理解することが強調されている。それと同時に、他の文化的な背景を持つニュージーランド国民との共生を強く意識した価値であるといえる（Te Tahuhu O Te Matauranga 2017）。

第4節　大学・大学院の入学者選抜と　　成績評価

　高等教育機関（大学やポリテクニック）に進学するには、ニュージーランド資格審査機構（New Zealand Qualification Authority: NZQA）によって管理されている全国教育修了資格（NCEA）を原則として、取得する必要がある。NCEAは、各科目の単位取得する積み上げ形式で構成される包括パッケージとしての資格である。

　NCEAはレベル1〜3で構成され、それぞれのレベルに合わせた科目内の所定の単位数を履修することにより、資格を取得することができる。これらは、11年生から13年生まで3年間で取得することが期待されている。そして、それぞれの科目もNCEAの各レベルに合わせて、レベル1〜3の三段階で構成されている。なお、単位数は科目の単元に相当する学習内容を着実に修得することにより、積み重ねていくことができる。

　例えば、NCEAのレベル3は図2の下部のとおり、合計で80単位が必要であり、科目レベル2以上が20単位、科目レベル3以上が60単位必要となる。さらに、大学入学要件となると、更に厳格な条件が設定されている。そこには、リテラシー・ニューメラシーの科目に加え、大学が求める科目のレベル3以上をそれぞれ14単位が必要となる。

　既述のとおり、レベル3への達成率は全就学者の66.1%であるが、更に大学出願要件を満たしている生徒の割合（2018年）は、49.0%と約16ポイント下がる。さらに、これをエスニシティ別に見るとマオリの生徒の達成率は29.2%、太平洋諸島系の生徒が

28.7％であるが、ヨーロッパ系が54.9％、そしてアジア系が最も高く60.6％とその差が明確となっている（NZQA 2019）。

　NCEA資格要件となる科目を履修・修了するためには、学内評価と学外評価によってそれぞれの生徒が各科目のスタンダードの到達度に関する評価を経なければならない。学内評価は、スピーチ能力や探究・調査能力などを日々の教育活動を通して学校の担当教員が評価する。学外評価は毎年11〜12月にかけて実施されている。通常は指定された試験会場で受験するが、近年では、オンラインでコンピュータを通して受験できる試験も実施されている。また、ビジュアルアーツなど、ペーパーテストによる試験評価に適さない科目は、生徒自身の作品集などポートフォリオの提出を通して、学外評価がなされる。通常1月中旬には結果が公表される。図3は、NCEAの成績表のサンプルの一部であるが、上段にはNCEAの全体的な習得レベル、それ以降、各科目の習得状況がレベルごとに記載されているのがわかる。結果（result）の欄には、A（可（Achieved））、M（良（merit））、E（秀（Excellence））に区分されて、その到達度が書かれている。

　そして、図2の条件をクリアーした後に、大学に出願すると、それらをポイントとして換算して、合否が決定する。レベル3の科目の単位を習得した上で、その成績により、ヴィクトリア大学の例（表参照）のとおり、秀・優・良の三段階で評価され、優秀な成績、例えば「秀」は「良」の二倍に換算されることとなる（表・図参照）。この得点換算をもとに、各大学は何点以上が入学許可ラインであることを公表することとなる。そのため、多くの大学の多くの学部にとっては、競争試験ではなく、個人の到達度を重視した入試判定である。

図2. 大学出願要件（NCEA）

- リテラシー（レベル2以上）
  10単位
  （リーディング5単位＋ライティング5単位）
- ニューメラシー（レベル1以上）
  10単位
- 3科目（レベル3以上）各14単位

NCEAのレベル3以上（80単位）
科目レベル3以上を60単位以上
科目レベル2以上を20単位以上

図3. NCEAの成績表サンプル

出所：NZQA ウェブサイト（https://www.nzqa.govt.nz/）
（2020年12月20日閲覧）

表. NCEA のスコア換算例

承認科目	秀の単位数	優の単位数	良の単位数
英語	8	4	6
歴史	-	6	10
統計	4	4	16
地理	-	10	10
フランス語	-	-	24
小計	12	24	66
80単位への選択単位数	12	24	44
ポイント計算	48pts	72pts	88pts
	（12 × 4）	（24 × 3）	（44 × 2）
合計			208pts

出所：ヴィクトリア大学ウェブサイトを参考に筆者作成
https://www.wgtn.ac.nz/（2019年12月30日アクセス確認）

▼ 第5節　日本語教育

　2015年現在で、ニュージーランドの日本語学習者は29,925人で国別で第11位となっている。また、学習者・学習可能な教育機関数（275機関）、教員数（378人）ともにここ数年で減少している。隣国オーストラリアは、すべての数でニュージーランドを凌ぎ、学習者数では英語圏では第一位であり、同国は全体でも中国・インドネシア・韓国に次ぐ第四位と比較するとニュージーランドの存在感は小さい（国際交流基金 2017）。

　実際、中等教育においても日本語学習者数は2005年と2019年を比べると、四割以上減少している。2017年度には165校の初等学校で日本語は教えられているが、担当教員の多くは日本語を知っている程度で、日本語「教育」の専門家では必ずしもないことが指摘されている（荻野 2017）。

　これらの学習者の減少は、日本の経済状況の後退のみならず、同国における言語学習の位置づけにも起因している。特に、NCEAの達成を目指す中等教育の高学年では、履修科目が各学校で制限されており、さらに近年の科学技術・工学・数学分野のような科目重視の傾向の高まりに伴い、履修者の減少に影響を及ぼしている。

　NCEA科目は日本語に限らず学外評価と学内評価に分けられており、特に日本語は学外評価において難易度が高いという「イメージ」が定着しているとの指摘もある（荻野 2017）。つまり、日本語教育を専門とする教員数の減少は、そのような難易度への学習者の到達を導き、それらを評価することが可能な教員数が少な

くなることを同時に意味しているのである。

　学内評価であるが、例えばレベル3の書き取りの評価基準では「多様な考えや視点を探り、十分な根拠を見つけるために明確な日本語で広範囲な文章形体を書く」ことが課題として出されている。つまり、単なるコミュニケーションだけではなく、多様な視点をもとにしながら、日本語のスキルを身につけることが求められている。

▽▽▽ おわりに

　学校教育における複数の公用語や政策策定プロセスにおける協議の重視など、ニュージーランドは社会の多様性に公正さをもって対応しようとしていることがわかる。しかしながら、現状においては、マオリ系や太平洋諸島系を中心として、同国には教育格差が存在している。

　このような格差是正の一つの方向性として、カリキュラムの面では、全国的なカリキュラムは存在するものの、各学校での裁量が大きく、学校コミュニティの要望にきめ細かに対応できるシステムを整えている。そして、その多様な実施プロセスそして、その成果を教育機関評価局（Education Review Office）が評価し、改善のための助言を行うこととなっている。

　このように個別の学校への裁量を認めながら、学校コミュニティの意向を尊重・反映し、その中で教育の質を維持向上させていくというのがニュージーランドの学校教育の卓越性・公正性の捉え方だといえよう。

【引用・参考文献】

1. 国際交流基金『海外の日本語教育の現状：2015年度日本語教育機関調査より』、2017年。
2. 高橋望「ニュージーランド：カリキュラムと学力」青木麻衣子・佐藤博志編『新版：オーストラリア・ニュージーランドの教育』東信堂、2014年。
3. 萩野雅由・河井潤二「ニュージーランドの日本語教育事情 – 学習者減少の現状と日本語教育への期待」日本語教育学会、2017年。
4. Education Review Office (ERO), Responding to Language Diversity in Auckland, 2018.
5. Ministry of Education, The New Zealand Curriculum for English-medium teaching and learning in years 1–13, 2015.
6. Ministry of Education, PISA 2018: New Zealand Summary Report, 2019.
7. Te Tahuhu O Te Matauranga(Ministry of Education), Te Marautanga o Aotearoa, 2017.
8. 「ニュージーランド統計局(Stats NZ)」ウェブサイト https://www.stats.govt.nz/information-releases/2018-census-population-and-dwelling-counts（2019年12月25日閲覧）。
9. 「ニュージーランド教育統計ウェブサイト(Education Counts)」https://www.educationcounts.govt.nz/statistics/schooling/student-numbers/subject-enrolment （2019年12月25日閲覧）。
10. 「ニュージーランド資格審査機構(NZQA)」ウェブサイトhttps://www.nzqa.govt.nz/studying-in-new-zealand/secondary-school-and-ncea/find-information-about-a-school/secondary-school-statistics/data-files-for-2/（2019年12月25日閲覧）。

あとがき

　本書はアジア教育情報シリーズ全3巻の第1巻として、東アジア（中国・韓国・台湾・香港・モンゴル）及び大洋州（オーストラリア・ニュージーランド）の国々の教育情報をまとめたものである。各章の最初のページに付された副題や写真は、その国の特徴が端的に示されている。具体的に言えば、「暗記・受験中心の学力観からの転換を目指して」（中国）、「『似て非なる』隣国の教育は今」（韓国）、「中央集権的な教育システムと学校間の競争激化」（台湾）、「中国との差別化を図る改革」（香港）、「国際基準を目指すモンゴル教育」（モンゴル）、「子ども達の多様な背景と向き合う学校」（オーストラリア）、「多様性と公正さを大切にする教育」（ニュージーランド）といった副題から、国際化・グローバル化を背景として多様化、多元化に向けて改革を進めている国がある一方、多様性を尊重しつつも教育の質を維持するために統一的な基準をどこまで設定できるかといった問題に直面している国、さらには、隣国との関係の中で、異なる存在としてのアイデンティティを確立することが喫緊の課題となっている国があることがわかる。各章の執筆者の鋭い洞察力に改めて敬意を表したい。

　諸外国の教育に関する書籍、中でもアジアの教育をテーマとした類書は近年多数刊行されている。その背景として、国際化・グローバル化といった世界的趨勢を受けながら、欧米社会とは異なる社会構造や文化的価値観、社会・経済活動にみられる活気のある雰囲気が、人々を引きつけるのではないだろうか。本書もそうした関心から手に取る方もいるかもしれない。

　本書に収められている東アジアの国々は、日本と距離的に近く、歴史的にも関係が深く、文化的にも類似性がみられる国々である。日本の高等教育機関及び日本語教育機関に占める留学生のうち、中国、韓国、台湾の出身者が約半数を占める。また、異なる文化への寛容度の高さから、オーストラリアやニュージーランドへは日本を含むアジアからの留学者が多い。このように、東アジア及び大洋州の国々は日本ととても近しい関係にある。

　こうした近しい関係にある国々を扱った本書の各章の構成は、学校制度の概要を概観した後、「外国語教育」「道徳教育」「大学・大学院の入学者選抜と成績評価」「日本語教育・日本語学校」といったテーマごとに各国の状況や特徴が示されている（節のタイトルはそれぞれの国の状況によって多少異なる）。その内容や地域的な広がりからも全体をまとめるには筆者の手に余るが、テーマごとにみられた各国の特徴を以下にピックアップしてみたい。

　外国語教育については、中でも教科としての「英語」教育については、中国、韓国、台湾の場合、2000年前後より小学校3年生から、モンゴルでは2000年代に入り5年生から必修科目として導入されている。イギリス統治下にあった香港においては、「英語」とともに生活言語の「広東語」が公用語だったが、返還翌年の1998年に施行された母語教育法の下で中国語（普通語）が加えられ、近年は中国語の重要性が高まっている。オーストラリアとニュージーランドでは多文化主義を背景として、「英語」以外の言語学習に対して早くから様々な支援を展開している。とくにオーストラリアでは2025年までに就学前段階での二言語教育を実施している。このように非英語圏では「英語」教育を、英語圏では英語以外の言語教育が展開されており、語学教育一つをとって

も各国において広がりや認識の違いがうかがえる。

　道徳教育については、各国で「公民教育」と言ったり「価値教育」と言ったり、その名称は異なるものの、小学校から「教科」として実施している国々がほとんどである（中国、韓国、台湾、モンゴル）。統一的な教科書を指定している国（中国、韓国）もあれば、枠組みだけ設定し、生徒の様々な体験活動を通して学ぶこととしている国もある（香港、オーストラリア、ニュージーランド）。しかしながら、その内容の重点は、その国の政治的方針や人材育成目標とのかかわりにおいて、国により異なる。各章の記述から、中国では思想政治教育に、台湾・香港では地域・社会の一員として公民・市民としての意識を養うことに、オーストラリア・ニュージーランドでは民主主義、社会的公正、多様性の尊重などの価値の教育に重点があることを知ることができる。

　大学・大学院の入学者選抜の在り方は、その国がどのような人材を求めているかを知る上で一つの手がかりとなりうる。各国の大学・大学院の入学者選抜の方法及び選抜に必要な書類、その評価方法をみてみると、モンゴルでは2006年より全国統一の大学入試が実施されているが、学歴を重視してきた中国、韓国、台湾では、日本のセンター入試に相当する統一試験による年1回の筆記試験だけでなく、推薦・AO入試、高校時代の学習・生活記録も判断材料に加えるなど、選抜の多様化がみられる。多様化傾向がみられるものの、統一的な筆記試験に代わりうるような、公平・公正性をいかに保ちながら選抜を行うかについては依然課題として残されている。一方、香港、オーストラリア、ニュージーランドのように後期中等教育修了試験の成績を主たる材料として入学者選抜を行う国では、細やかなポートフォリオの作成や長期間

に及んで選抜・評価を行う方法が実施されている点が大きく異なる。

　日本語教育・日本語学校については、東アジアや大洋州の国々では、日本との経済面での関わりや、アニメや漫画といった日本のサブカルチャーに対する人気の高まり、それに伴う親日感情を背景として、中等教育段階の教育課程で、第一外国語としての「英語」のほかに、中国、韓国、台湾、モンゴルでは「第二外国語」の一つとして、また、英語を公用語とする香港、オーストラリア、ニュージーランドでは「第二言語」として「日本語」の時間が設けられ、日本語を選択する学生も比較的多い。日本語学習者数が増加傾向にある国では、大学での日本語学科での学びの場のほか、日本留学を希望する学生やスキルアップを目指す社会人を対象とした日本語学校も数多く設置されている。大洋州の中でもオーストラリアは日本語学習がとても盛んであり、世界の日本語学習者数でみても中国、インドネシア、韓国に次いで4番目に多い。移民や留学生を多く受け入れており、学習者の多様化に応じて「第二言語」の学習の機会を保障していることが要因として挙げられる。

　全体を俯瞰してみると、いずれの国にあっても、国際化・グローバル化に対応すべく、小学校段階からの英語教育の実施や多様な方式を用いた入学者選抜など日本と共通した傾向が認められる一方、知育偏重教育からの転換、アイデンティティの追求、個々の生徒の多様性や社会的公正の在り方など、それぞれの国がそれぞれの状況や課題を踏まえ、今後の発展の方向性を模索しながら改革への歩みを進めているといえる。

　こうした状況の中にあって、昨年末からの新型コロナの世界的な感染拡大によって世界情勢は大きく変化し、教育もその影響を少なからず受けることになった。いままでの教育の方法が通用し

なくなった時、われわれは何を根拠に「教育」という営みを行ったらよいのだろうか。この問いは、今日、教育制度は各国異なるものの、共通する教育上の根本的かつ本質的な課題となっている。上述のとおり日本と近しい関係にある東アジア・大洋州の国々は近しい関係であるがゆえに、歴史問題や外交問題で認識のズレが生じることがある。また日本にかぎらず、東アジア・大洋州の国々の間でも、政治的、文化的な衝突が生じており、コロナ禍の中でいっそう複雑に絡み合っているように思われる。新型コロナの影響により、図らずもこれまでのような国際化、グローバル化を支える市場原理、経済優先の社会の在り方では人間の生活が成り行かなくなることが顕在化した。予測不可能な事態の中にあって、われわれは、何を目指して、どのような教育を行うべきか。各国の教育制度や教育内容はその国の歴史的、文化的、社会的状況が少なからず反映されている。多少言い過ぎの感もあるかもしれないが、読者の方には、本書に収められた国々の教育の状況を知り、それを手がかりにしながら、今後の日本ないし世界の教育の在り方を考えるといった問いへとつなげていってもらえれば、編者としては幸いである。

　最後に、執筆に協力いただいた第1巻の執筆者各位に御礼申し上げる。海外にいらっしゃるにもかかわらず本書の校正に迅速に対応くださり、コロナ禍の中での学校の様子などを合わせて教えていただいた執筆者とのやりとりも印象に深く残っている。また、本書の企画からご指導を賜り、ご多忙の中でも時間を割いてくださり、適切かつ的確なアドバイスをくださった監修者の大塚豊先生に心より感謝申し上げる。作業が遅れがちな筆者に励ましの声をかけてくださり、本書の刊行に向けて各方面の調整等にご尽力

くださった一藝社の小野道子社長をはじめ関係者の皆様方に感
謝の意を表したい。

　2020 年 晩秋

日暮トモ子

【索引】

【あ行】

【か行】

【さ行】

【監修者紹介】

大塚　豊（おおつか・ゆたか）
　　福山大学大学教育センター教授
　　［専攻］　比較教育学
　　［主要著作］『現代中国高等教育の成立』玉川大学出版部、1996年
　　　　　　　　『中国大学入試研究』東信堂、2007年
　　　　　　　　『21世紀の比較教育学―グローバルとロカールの弁証法』
　　　　　　　　（翻訳）福村出版、2014年　ほか

【編著者紹介】

日暮トモ子（ひぐらし・ともこ）
　　目白大学人間学部准教授
　　［専攻］　比較教育学、教育思想史
　　［主要著作］『世界の学校と教職員の働き方』（共著）学文社、2018年
　　　　　　　　『基礎から学ぶ比較教育学』（共著）学文社、2014年　ほか

【執筆者紹介】（執筆順）

日暮トモ子（ひぐらし・ともこ）・・・・・1章◆中国
　　　　（編著者紹介参照）

石川裕之（いしかわ・ひろゆき）・・・・・2章◆韓国
　　　　京都ノートルダム女子大学国際言語文化学部准教授
　　　　［専攻］　比較教育学
　　　　［主要著作］『才能教育の国際比較』（共著）東信堂、2018年
　　　　　　　　　　『比較教育学原論』（共著）協同出版、2019年

楊　武勲（Wu-hsun　YANG）・・・・・3章◆台湾
　　　　国立暨南国際大学教育学院教授（台湾）
　　　　［専攻］　高等教育・日本語教育
　　　　［主要著作］『台湾における高等教育の質保証制度─大学評価制度の整備と
　　　　　　　　　　評価方法の多様化─』『名古屋高等教育研究』（20）、2020年
　　　　　　　　　　pp.253-273
　　　　　　　　　　「台湾における原住民族の権利獲得運動の到達点と課題─2000
　　　　　　　　　　年代以降の状況を中心に」『国際教育』21,、2015年、pp.131-
　　　　　　　　　　139

大和洋子（やまと・ようこ）・・・・・4章◆香港
　　　　星槎大学共生科学部教授
　　　　［専攻］　比較教育学
　　　　［主要著作］『国際バカロレアの挑戦：グローバル時代の世界標準プログラ
　　　　　　　　　　ム』（共著）明石書店、2018年
　　　　　　　　　　「香港の大学入学資格統一試験の改革：新試験（2012）が目指
　　　　　　　　　　す人材育成」『国立教育政策研究所紀要』第143集、2014年、
　　　　　　　　　　pp.117-133

ルハグワ　アリウンジャルガル（Lkhagva　ARIUNJARGAL）・・・5章◆モンゴル
　　　　モンゴル国立大学教授
　　　　［専攻］　教育制度、教育法規、教育地方行政
　　　　［主要著作］「1991年モンゴル人民共和国教育法の分析」『教育行政学研究』
　　　　　　　　　　第34号、西日本教育行政学会、2013年、pp.12-25

「現代モンゴル教育財政制度の構造と諸特徴―初等中等教育段階の財源構成を事例として―」『教育行政学研究』第 37 号、西日本教育行政学会、2017 年、pp.19–27（共著）

青木麻衣子（あおき・まいこ）・・・・・6 章◆オーストラリア
　　　　北海道大学高等教育推進機構国際教育研究部准教授
　　　　［専攻］　比較教育学
　　　　［主要著作］『オーストラリアの言語教育政策―多文化主義における「多様性」と「統一性」の揺らぎと共存』東信堂、2009 年
　　　　　　　　　　『オーストラリア・ニュージーランドの教育―グローバル社会を生き抜く力の育成に向けて―（第三版）』（共編著）東信堂、2020 年

伊井義人（いい・よしひと）・・・・・7 章◆ニュージーランド
　　　　藤女子大学人間生活学部教授
　　　　［専攻］　比較教育学
　　　　［主要著作］『多様性を生かす教育を考える七つのヒント』（編著）共同文化社、2015 年
　　　　　　　　　　『フューチャースクール×地域の絆＠遊びの場』（監修）六曜社、2014 年

アジア教育情報シリーズ 1巻

東アジア・大洋州 編

2021 年 2 月 19 日　初版第 1 刷発行

監修者　大塚　豊

編著者　日暮トモ子

発行者　菊池公男

発行所　株式会社一藝社
　　　　〒160-0014　東京都新宿区内藤町 1-6
　　　　Tel. 03-5312-8890
　　　　Fax. 03-5312-8895
　　　　振替　東京 00180-5-350802
　　　　e-mail:info@ichigeisha.co.jp
　　　　HP：http://www.ichigeisha.co.jp

印刷・製本　モリモト印刷株式会社